ROMAN ET PATOIS

PAR

LOUIS DE COMBETTES-LABOURELIE

OFFICIER D'ACADÉMIE

GAILLAC

IMPRIMERIE DE P. DUGOURC, LIBRAIRE

Rue Malakoff

1878

43138

ROMAN & PATOIS

37

ROMAN ET PATOIS

PAR

LOUIS DE COMBETTES-LABOURELIE

OFFICIER D'ACADÉMIE

GAILLAC

IMPRIMERIE DE P. DUGOURC, LIBRAIRE

Rue Malakoff

—

1878

ROMAN ET PATOIS

———

Cette Etude a été lue dans la séance du 4 juin 1874 du Congrès archéologique de France (XLI° SESSION TENUE A TOULOUSE). *Elle a été reproduite, en grande partie, dans le volume qui contient le compte-rendu de ce même Congrès.*

———

Notre langue patoise s'en va; elle disparaît au milieu du mouvement désordonné de ce qu'on appelle le progrès; elle s'efface devant le nivellement universel que déterminent les moyens rapides de locomotion. Bientôt, du nord au midi de la France, les relations faciles auront tout confondu, tout unifié, et l'on ne parlera plus que le trop insuffisant français, qui ne peut exprimer la spontanéité et le sens figuré de la pensée

VI

que par des périphrases lentes et obscures, tandis qu'elle jaillit vive et lumineuse d'un seul mot de notre langue méridionale. Bientôt cette France si variée jadis, et dont chaque province avait son langage, son costume, ses traditions, n'aura plus qu'une langue et qu'un type.

Que de sources de souvenirs et de poésie seront alors taries! Que de contre-sens bizarres se révèleront! Que de singuliers contrastes on verra se produire quand, sur les bords de la *Durance*, du *Rhône*, de la *Garonne* ou de la *Baïse*, l'impétueux paysan s'exprimera dans la langue du froid pasteur de la *Sologne* ou de la *Beauce*, et se débattra en vain dans ce stérile idiome, ne pouvant rendre ni la chaleur de sa pensée ni les rêves de son imagination! Peut-on se figurer, dans les brûlants pâturages de la *Crau*, le tendre *Vincent* dire son amour à *Miréïo*, les bergers, les laboureurs du *Languedoc* et des *Pyrénées* raconter leurs naïves légendes aux veillées, les jeunes filles du *Roussillon* et de la *Provence* chanter leurs noëls attendrissants et leurs douces chansons en beau et prétentieux français?... Non, le français, quelque élégant qu'il soit, quelque expressif qu'il puisse être, ne sera jamais à la hauteur des cœurs et des imaginations du Midi; et alors l'originalité pittoresque, la foi naïve aux vieilles traditions, la poésie elle-même disparaîtront peut-être de nos belles contrées, où elles régnèrent pendant si longtemps en douces et gracieuses souveraines.

Et cependant ce patois si honni, si ridiculisé parfois, eut un passé glorieux, et, depuis six cents ans,
il se soutient presque sans altération aucune, appor-
tant jusqu'à nous les grâces et les richesses de cette
langue romane, dont il est le fidèle et poétique re-
présentant.

Quand l'empire d'Orient s'écroula et que le flam-
beau de la civilisation romaine cessa d'éclairer le
monde, une nuit obscure l'enveloppa; cette nuit dura
deux siècles, et c'est dans le midi de la *France,* de
la *Loire* aux *Pyrénées,* des *Alpes* à l'*Océan,* qu'eut
lieu le premier réveil des intelligences et des cœurs.

Au milieu de ces contrées privilégiées, *Rome*
avait répandu une prospérité éclatante, qui leur avait
donné une haute suprématie sur le Nord, encore
barbare, et qui en avait fait le dernier asile de la
civilisation et de la science. Les nobles familles gallo-
romaines gardaient précieusement dans leurs archives
et dans leur mémoire les traditions de libéralisme,
de grandeur et d'amour des lettres qu'elles tenaient
de leur glorieuse métropole, et quand, au commencement du xi° siècle, l'esprit se réveilla de son long
engourdissement, ce fut sans doute leurs descendants
qui donnèrent le premier signal.

Mais *Rome* avait laissé dans le midi des *Gaules* sa
belle et noble langue. Cette langue s'altéra bientôt par
l'adjonction successive de mots *celtes* et même *tu-
desques,* et devint cette poétique *langue romane* qui

devait inaugurer la résurrection des lettres et produire
ces premiers essais poétiques des *troubadours*, essais
qui étaient alors des coups de maîtres et auxquels
tant d'autres devaient succéder dans les diverses langues nouvelles qui allaient se former et découler
d'elle.

Or, cette *langue romane* c'est le *patois*, le *pro-
vinçal*, le *limouzin*, comme on l'appelle quelquefois;
enfin c'est cette langue parlée encore dans tout le
midi de la France, divisée, il est vrai, en un grand
nombre de dialectes, qui tous cependant ont à peu
près les mêmes mots, les mêmes règles, le même
génie, et qui ne diffèrent entre eux que par des
consonnances, des interversions, des terminaisons
diverses, ou même parfois par la seule prononciation,
et sont les enfants presque jumeaux d'une même
mère.

Donc le *patois* est la langue que parlèrent les
troubadours, dans laquelle ils chantèrent pendant trois
siècles et qui, sauf quelques nuances faciles à ex-
pliquer et à comprendre, s'est conservée la même
jusqu'à nos jours.

Et c'est cette langue charmante, pleine de feu et
de poésie, à laquelle se rattachent nos plus doux
souvenirs, les naïves chansons de nos nourrices, nos
premiers mots bégayés, nos essais poétiques sans
doute, qui va disparaître !... Ah ! si nous ne pouvons
empêcher sa ruine, rendons-lui, du moins, au moment

où elle s'éteint, un dernier et tendre hommage et disons ce qu'elle fut, ce qu'elle aurait été peut-être sans le coup affreux que lui portèrent et l'invasion barbare du Nord dans le Midi, au commencement du XIII° siècle, et l'asservissement du pays qui l'avait vue naître.

La *langue romane*, qui, dès le XI° siècle, était parlée dans une partie de l'*Italie* et de l'*Espagne* et dans tout le midi de la *France,* remontait, dit-on, au VI°, au VII° ou tout au moins au VIII° siècle, les *Litanies carolines* le prouvent; le *Serment de 842* nous apprend qu'elle existait au IX° siècle, et les poésies de *Guillaume de Poitiers,* premier troubadour connu, établissent qu'elle était entièrement formée au XI° siècle, puisque ses règles et son style sont absolument les mêmes que dans les deux siècles suivants.

Cette langue régna longtemps en souveraine dans les pays situés en deçà de la *Loire;* avec elle fleurit, jusque vers la moitié du XIV° siècle, la noble littérature provençale, surgie tout à coup du sein des ténèbres; elle fut parlée et glorifiée par ces chevaleresques *troubadours* dont le nom réveille encore le souvenir de tout un passé de poésie et de gloire; puis, répandant au loin ses trésors et ses traditions, elle pénétra même dans le Nord, où, sous le nom de *roman-wallon,* elle inspira les *trouvères* et, peu après, de concert avec ce dialecte, elle forma d'abord le *français* et ensuite, toute seule, les autres langues néo-latines : l'*italien,* l'*espagnol,* le *portugais;* mais, en tendre mère, elle réserva ses meilleures faveurs à l'enfant qui lui ressemblait le plus, à notre cher *patois,* qui allait lui succéder et la remplacer dans les contrées privilégiés du midi de la France, où elle était née et où elle avait vécu glorieusement pendant plusieurs siècles.

Mais, avant de se répandre dans le monde par ses enfants, la *langue romane* avait brillé du plus vif éclat jusqu'au jour où la plus inique des guerres était venue ensanglanter et conquérir le pays dont elle était la gloire. La croisade contre les *Albigeois* et l'annexion successive des états de *Trencarel,* des *vicomtes de Foix* et des *comtes de Toulouse* à la couronne de *France,* rendirent presque muets les *troubadours,* et, bien peu d'années après, à l'avénement d'*Alphonse* et de *Jeanne,* ils cessèrent entièrement de chanter, et leur poétique littérature fut perdue à jamais.

Cette littérature originale et sans précédents, sortie subitement du chaos, avait cependant son germe et sa source, et nous devons les chercher d'abord dans les traditions des nobles familles gallo-romaines, dernières dépositaires des trésors de la littérature de *Rome,* de cette *Rome* qui avait dans tout le midi des *Gaules,* à *Toulouse* surtout, ses plus illustres écoles; dans l'invasion des *Maures* en *Espagne* et dans l'ardeur chevaleresque de leurs coutumes et de leurs chants, qui se répandirent bientôt au-delà des *Py-rénées;* dans le souvenir même du passage des *Wisigoths,* qui n'étaient pas aussi barbares qu'on veut bien le dire et qui, à part leur rage de destruction pour tout monument venu des *Romains,* aimaient l'éclat et la civilisation (les merveilles de la cour du roi *Euric* en sont une irréfutable preuve); dans les impressions poétiques que laissèrent les mœurs de l'Orient dans l'esprit de ceux qui revinrent des croisades; enfin et surtout dans la chaleur des cœurs et des imaginations des habitants de cette *Provence,* de cette *Septimanie,* de ce *Languedoc* et de tout ce beau midi des *Gaules,* où le soleil et la nature exaltent les esprits et les poussent irrésistiblement à rêver et à chanter.

Les *troubadours* trouvèrent un accueil sympathique et honorable dans toutes les cours des princes du midi de la *France.* Les *Guillaume de Poitiers,* les *Béranger de Provence,* les *Roger de Foix,* les *Alphonse d'Aragon,* les *Raymond de Toulouse* les recevaient avec les plus grands honneurs et chantaient eux-mêmes quelquefois comme eux; à leur tour, les grands seigneurs les attiraient dans leurs châteaux, les choyaient, les admiraient et passaient leurs meilleurs jours à les écouter célébrant dans leurs chants la beauté, le mérite des dames et la valeur des chevaliers.

La poésie chevaleresque des *troubadours* tient de

la douceur rêveuse de la **Germanie** et de l'ardente impétuosité du Midi; son but, son génie, son essence sont d'abord le culte de la femme, puis l'honneur et la gloire; mais l'amour occupe la première place, et la femme est presque toujours le sujet charmant et préféré de leurs vers. *Bertrand de Born, Bernard de Ventadour, etc., etc.* chantent souvent la renommée des guerriers; mais *Marweil, Miraval, Guy d'Uissel, etc., etc.* célèbrent presque exclusivement la dame de leurs pensées. Ah! c'est que la femme rayonnait alors de tout l'éclat de sa réhabilitation par le christianisme, et que sa noble influence dirigeait avec charme et puissance les vertus des hommes, leur courage et leurs aventureuses entreprises. Une promesse, un sourire, une écharpe étaient en ce temps les seules récompenses accordées parfois aux plus beaux vers, aux plus glorieux exploits; et de ces amours brûlantes, souvent ignorées par celles qui les inspiraient, de ces désirs réservés et timides, de ces soupirs cachés naissaient de douces chansons, des tensons ingénieuses et plaintives, de tendres aubades, de mélancoliques sérénades qui nous font encore tressaillir d'émoi, nous, les enfants insensibles d'un siècle sceptique et corrompu.

Mais les vers, les chansons d'amour, les sirventes, les plaintes, les hymnes, les chants de guerre, les pastorales ne furent pas les seuls produits de la poésie des *troubadours;* presque tous les genres furent tentés par eux. Dans les fabliaux, ils révélèrent la puissance et l'originalité de leur génie d'invention; les romans de *Rou*, du *Renard*, de *Blandin de Cornouailles*, de *Jaufre*, de *Miramar*, les fragments de celui de *Flamenca*, *etc.*, *etc.* attestent leur génie narratif et épique. La *chronique* de *Guillaume de Tudèle* nous apprend avec quel charme naïf ils savaient écrire l'histoire, et nous savons par *Nostredame* que plusieurs d'entre eux avaient abordé la scène. *Roger de Clermont*, *Gaucelyn Faydit* firent d'ingénieuses comédies, mais les recueils perdus du *Moine des Iles-d'Or* et de *Saint-Cœsari* nous ont privés de ces chefs-d'œuvre et, hélas! de bien d'autres encore.

Pendant trois siècles, la littérature *romane* des *troubadours* régna dans les pays situés entre la *Loire* et les *Pyrénées,* mais son heureuse influence s'étendit encore au loin et, à mesure que les langues néolatines se formaient d'elle, elles lui empruntaient les charmes de sa poésie. *Sordello Cicala, Jordi,* s'inspirant de sa richesse et de son charme, furent les maîtres de cette littérature en *Italie.* *Dante* lui-même hésita un instant et fut sur le point d'écrire en *langue romane* son immortel poème de *l'Enfer.* *Pétrarque* s'imprégna de son génie. *Raymond Bérenger,* devenu comte de *Barcelone,* l'introduisit en *Espagne* et souda le premier anneau de cette chaîne brisée pendant cinq cents ans, et que viennent de renouer les poètes *catalans,* successeurs *d'Auzias*

March, avec les *Félibres* de *Provence*. Le *Portugal* la reçut à son tour et se l'assimila tellement qu'aujourd'hui encore le *portugais* est la langue néo-latine qui a le plus d'analogie avec notre cher patois, fils aîné de la *langue romane*.

C'est donc sur ce patois, continuateur de la langue des *troubadours*, que doit rejaillir la gloire de sa mère. S'en montra-t-il toujours digne? Oui, certes, sans cependant atteindre à sa hauteur; mais aussi que les temps étaient changés :

Quand, vers le XIVᵉ siècle, le français, se dégageant des langes dont l'enveloppaient le *tudesque*, la *langue provençale* et le *roman-wallon*, vola de ses propres ailes, se forma et devint la langue de la *France*, le Midi, asservi et humilié, avait succombé sous l'injuste conquête du Nord; ses poètes étaient tombés en combattant ou avaient brisé leur lyre; ses guerriers étaient dispersés au loin; ses grandes dames en deuil avaient oublié les nobles traditions des *cours d'amour;* les châteaux hospitaliers tombaient en ruines; la poésie romane avait disparu avec ses comtes, ses seigneurs et sa patrie.

C'est alors que le patois lui succéda et se maintint courageusement comme une protestation contre l'oppression du vainqueur. Pendant trois siècles et plus, les chartes, les registres des municipalités, les archives des villes, tout ce qui avait trait à l'administration du pays fut rédigé en langue vulgaire. Les peuples la conservèrent comme leur langue maternelle, comme celle dans laquelle ils exprimaient le mieux l'ardeur de leurs regrets et de leur douleur. Mais l'ère glorieuse des *troubadours* ne revint pas; on n'atteint pas deux fois à l'apogée de la gloire littéraire, surtout quand on est vaincu!

Cependant le *patois*, aux si douces consonnances, au style si figuré, à la concision si expressive de ses locutions, et surtout aux traditions si poétiques, chercha quelquefois à reprendre son ancien éclat, et fut maintenu dans un rang glorieux par les *Goudelin*, les *Auger Gaillard*, les *Despourrins*, les *Jasmin*, les *Mistral*, les *Roumanille*, les *Aubanel*, etc., etc., mais n'inspira plus des poètes comme *Bertrand de Born*, *Peyre Vidal*, *Marweil*, *Miraval*, *Bernard de Ventadour* et la *comtesse de Die*.

Et c'est précisément en raison de cette décadence, produite par le deuil et par les larmes, que nous devons, en fils pieux, rendre à notre patois aimé un dernier hommage, et élever sur ses ruines un monument de regret et d'amour.

La pierre que j'apporte à ce monument est bien modeste, mais elle pourra servir à marquer les deux époques de la langue méridionale. J'offrirai d'abord une traduction, bien imparfaite sans doute, des divers genres de poésie des *troubadours*, en omettant toutefois les trop longues pièces, telles que les fabliaux et les chroniques, puis, laissant de côté les poètes patois que tout le monde connaît, je produirai comme échantillon de la richesse, du génie et de la poésie de notre langue vulgaire de nombreux proverbes choisis avec soin parmi les plus expressifs, les plus vrais, les plus sages dans une collection considérable que je possède. La morale, la philosophie, l'observation, la malignité même seront représentées avec les couleurs vives, avec les figures pittoresques et l'originalité piquante qui sont les caractères distinctifs du patois.

Fils de la langue latine, le *patois,* comme sa mère, brave quelquefois dans ses mots la prude honnêteté, et appelle naïvement de leur nom des choses que nous n'osons exprimer qu'avec de prudentes périphrases. Sans rechercher les passages ou les proverbes trop crûment rédigés, je n'éviterai pas cependant ceux dont le texte ou la figure me paraîtront poétiques quoique hardis.

C'est dans le dialecte de l'Albigeois que j'écrirai ces proverbes; il sera facile à tout méridional de la comprendre avec un peu de réflexion et quelque exercice de comparaison.

Quant aux pièces poétiques des *troubadours,* je conserve dans le texte *roman,* que je crois devoir mettre en regard de la traduction, l'orthographe adoptée par *Fauriel, Raynouard* et *Rochegude.*

C'est, hélas! en vers français que j'ai fait ma traduction, la prose ne pouvant, en aucune sorte, rendre le genre de la *poésie romane;* je n'en demande pas moins pardon à mes lecteurs.

Ma traduction est aussi fidèle que j'ai su la faire; elle n'est pas cependant littérale; le génie français n'est pas celui du *roman,* et souvent je rendrais mal le sens poétique d'un couplet, j'en détruirais la portée et le trait en traduisant servilement et sans paraphrase.

Et maintenant, je forme le vœu que mon humble travail plaise à ceux qui tressaillent encore d'amour patriotique, de poésie et d'orgueil quand ils remontent au glorieux passé du beau midi de la *France,* de ce midi qui est deux fois notre noble patrie et par son éclat éclipsé et par la part considérable qu'il a toujours prise depuis sa chute à la grandeur de la commune patrie, dont il forme les plus riches et les plus illustres provinces.

POÉSIES

DES

TROUBADOURS

VERS

———

I

Farai un vers de dreit nien,
Non er de mi ni d'autra gen,
Non er d'amor ni de joven,
    Ni de ren au,
Qu'enans fui trobatz en dormen
    Sobre chevau.

No sai en qual guiza m fui natz,
No sui alegres ni iratz,
No sui estranh ni sui privatz,
    Ni non posc au,
Qu' enaissi fui de noitz fadatz
    Sobr' un pueg au.

No sai quora m sui endormitz,
Ni quora m velh, s'om no m'o ditz.
Per pauc no m'es lo cor partitz

VERS

I

Sans droit, de rien, je vais faire un vers à mon tour.
Il n'est pas plus de moi qu'il n'est de tout autre homme;
Est-il chant de jeunesse, est-il chanson d'amour
    Pas plus que d'autre chose en somme?
Il m'est venu, pendant que je faisais un somme,
    Sur mon cheval un jour.

Sais-je comment je fus dans ce monde introduit?
Non, je ne suis pas plus endurant que colère,
Je ne suis pas sauvage et je fais peu de bruit;
    Rien du reste ne m'émeut guère.
La fée, en un haut pic, dut devenir ma mère
    Dans le cours d'une nuit.

Si je n'en reçois pas un avis amical,
Je ne sais quand je dors ni l'heure où je m'éveille;
Je n'ai pas succombé sous un amoureux mal,

D'un dol corau;
E no m'o pretz una soritz,
Per sant Marsau.

Malautz sui e tremi morir;
E ren no sai mas quan n'aug dir.
Metge querrai al meu albir,
E no sai tau :
Bos metges es qui m pot guerir,
Mas non sia mau.

M'amiga ieu no sai qui s'es,
Qu'anc no la vi, si m'ajut fes,
Ni m fes que m plassa ni que m pes,
Ni no m'en cau,
Qu'anc non ac Norman ni Frances
Dins mon ostau.

Anc no la vi et am la fort;
Anc non aic dreit ni no m fes tort;
Quan no la vei be m'en deport,
No m pretz un iau,
Qu'ieu sai gensor e bellazor,
E que mais vau.

No sai lo luec ves on s'esta,
Ni si es en pueg o en pla.
Non aus dire lo tort que m'a.

Et c'est vraiment grande merveille.
La plus faible souris semblerait ma pareille
  A la Saint-Martial.

Je suis malade, et j'ai très-grand peur de mourir.
Je ne sais jamais rien que ce que j'entends dire.
Il me faut pour mes maux un médecin quérir,
  J'ignore lequel je désire.
Le meilleur est celui qui pourrait me guérir,
  Hélas ! et non m'occire.

J'ai sans doute une amie et je ne la connais
Et jamais ne la vis ; je ne ris ni ne pleure.
Soit du mal, soit du bien, qu'elle me fît jamais,
  Qu'importe, s'il ne vient pas l'heure
Où je pourrais revoir dans ma triste demeure
  Soit Normand, soit Français.

Je ne la vis jamais, et l'aime tendrement.
Onc d'elle ne reçus caresse ni querelle.
Quand je ne la vois pas, je suis en grand tourment.
  Une coque d'œuf vaut plus qu'elle ;
Quelque part, croyez-moi, j'en sais une plus belle
  Et, certes, je ne mens.

J'ignore son séjour, cité, ville ou château.
Est-il sur les hauts monts ou dans la basse plaine ?
Ma foi, je ne le sais, et par beaucoup m'en chaut

Abans m'en cau;
E peza m be quar sai rema.
Ab aitan vau.

Fag ai lo vers no sai de cui,
E trametrai lo à celui
Que lo m trametra per autrui
Lai ves Anjau,
Que m tramezes del seu estui
La contra-clau.

LO COMS DE PEITIEUS.

Je n'ose pas dire ma peine
Et me taire, plutôt que porter plainte vaine,
    Et tout autant me vaut.

  Je ne sais de quoi j'ai fait mon vers aujourd'hui;
Je vais le confier à la main messagère
.Qui doit secrètement le remettre à celui.
    Qui vers l'Angevine frontière
Ira, me rapportant la contre-clé si chère
    De son étui.

LE COMTE DE POITIERS (1ᵉʳ troubadour connu.)

II

Be m pac d'ivern e d'estiu,
E de fretz e de calors;
Et am aitan neu com flors,
E pros mort mais qu'avol viu;
Qu'enaissi m ten esforsiu
E gai joven et amors.
Equar am domna novela,
Sobravinen e plus bela,
Paro m rosas entre gel
E clar temps ab trebol cel.

Ma domn'a pretz soloriu
Denan mil combatedors;
E contra'ls fals fenhedors
Ten establit Montesquiu.
Per qu'en sou ric senhoriu
Lauzengiers no pot far cors,
Quar sens e pretz la capdela :
E quan respon ni favela
Siei dig au sabor de mel,
Don sembla San Gabriel.

E fa s temer plus que Griu
A vilas domnejadors;
Et als fis conoissedors
A solatz tan agradiu,

II

Tout m'est indifférent, le chaud et la froidure.
En tous les temps, je suis satisfait de mon sort;
Il m'importe assez peu, soit neige, soit verdure,
Mais au félon vivant, je préfère un preux mort.
    L'amour, la gaité, la jeunesse
    Me tiennent toujours en liesse.
Et quand, en ses ardeurs, mon cœur, trop amoureux
Pour un objet nouveau, se rallume et palpite,
Je sais trouver la fleur que blanche neige abrite
Et le rayon que cache un soleil nuageux.

    La dame que j'aime est de toutes la plus belle;
Elle brille et commande en reine à Montesquieu.
Viennent cent chevaliers, je combattrai pour elle,
Proclamant son haut prix, en tout temps, en tout lieu.
    De sa cour, de sa seigneurie
    Elle a banni la flatterie.
Les accents de sa voix ont la saveur du miel,
Et lorsque l'on entend, de sa bouche sans cesse,
Tomber des mots remplis de grâce, de sagesse,
On croit ouïr parler le saint ange Gabriel.

    Autant qu'un chevalier, vaillant et redoutable,
Elle combat les sots, vulgaires amoureux,
Et par son entretien doux, gracieux, aimable,
Elle met à ses pieds les puissants et les preux.

Qu'al partir quecs jur'e pliu
Que domn'es de las melhors.
Per so m traïn'e cembela
E m tra'l cor de sotz l'aissela,
Don m'a leial e fizel
E just plus que dieus Abel.

. . . .

L'onrat pretz nominatiu
Creis tan sa fina valors,
Que no pot sofrir lauzors
La gran forza del ver briu.
Siei enemic son caitiu
E siei amic rics e sors.
Olh, front, nas, boq'e maissela,
Blanc pietz ab dura mamela,
Del talh del fil d'Israel,
Et es colomba ses fel.

Lo cor ten morn e pensiu
Aitan quan estauc alhors;
Pois creis m'en gang e doussors
Quan del sieu gen cors m'aiziu,
Qu'aissi com de recaliu,
Ar m'en ve freg ar calors.
Equar es gai' et isnela
E de totz mals aibs pucela,
L'am mais, per San Raphael,
Que Jacob no fes Rachel.

Chacun jure, en s'éloignant d'elle,
De toutes qu'elle est la plus belle.
Ah! quand le soir, caché sous la tonnelle en fleurs,
Je l'écoute, mon cœur d'un doux bonheur s'inonde;
Je l'aime autant alors qu'aux premiers jours du monde
Abel, le juste Abel, aimait le Créateur.

Son mérite, son prix et sa galanterie
Semblent, tant ils sont grands, ne pouvoir augmenter;
Elle hait les flatteurs; d'ailleurs la flatterie
A leur brillant éclat ne peut rien ajouter.
Des méchants, elle est l'ennemie,
Des braves et des bons l'amie,
Entre toutes, elle est la colombe sans fiel.
En elle tout est beau : blanche et ferme poitrine,
Bouche, œil, front, nez, cheveux, teint blanc, taille divine,
Elle ressemble en tout à l'enfant d'Israël.

Quand elle est triste, hélas! mon âme se déchire;
Je suis pris, aussitôt, d'une amère douleur.
Mais, lorsque je la vois doucement me sourire,
Le bonheur, la gaîté renaissent dans mon cœur.
D'elle me viennent froid et flamme
Et tout ce que ressent mon âme.
Oui, j'en prends à témoin l'archange Raphael;
En sa présence, ici je le dis et le jure,
Elle est légère et gaie et même vierge pure,
Et je l'aime encor plus que Jacob sa Rachel.

Vers vai t'en ves Montoliu,
E di m'à las tres serors
Que tan me platz lor honors:
Qu'ins é mon cor las escriu:
Vas totas tres m'umiliu
E'n fas domnas e senhors.
E si m plagra de Castela
Trop mais una jovencela,
Que d'aur cargat un camel
Ab l'emperi Manuel.

Per l'apostol qu'om apela
San Jacme de Compostela,
Ieu sai un tal San Miquel
Que m val mais que cel del cel.

PEIRE VIDAL.

Vers Montoulieu, séjour des trois sœurs, va bien vite,
Mon pauvre petit vers, et dis-leur tour à tour
Que leur doux souvenir, leur beauté, leur mérite
Ont fixé dans mon cœur un éternel amour.
        Dis-leur aussi que je m'incline,
        Saluant leur grâce divine.
L'empire d'Orient, un chameau chargé d'or
Me sont indifférents; je préfère une fille
Eclose au doux soleil de la fière Castille
Au trône de Manuel, au plus riche trésor.

        Par l'apôtre que l'on appelle
        Saint Jacques de Compostelle,
Je sais un saint Michel qui certes me vaut mieux
        Que celui qu'on adore aux cieux.

                        PIERRE VIDAL.

CANSOS

I

De cantar m'era laissatz
Per l'ir'e per la dolor
Qu'ai del comte mon senhor :
Mas pos vei qu'al bo rei platz,
Farai tost una canso,
Que porton en Arago
Guillems e Blascols Romieus,
Si'l so lor par bon e lieus.

E s'ieu cant com hom forsatz,
Pos mosenher n'a sabor
No tenga per sordejor
Mon cant; que'l cor m'es viratz
De lieis on anc non aic pro,
Que m gieta de sospeisso :
El partir es me tan grieus
Que res non o sab mas dieus.

CHANSONS

I

Fatigué, je voulais me taire.
Par douleur, aussi par colère.
Ne vois-je pas dans le malheur
Le Comte, mon maître et seigneur?
Mais, notre bon roi le désire,
Je reprends donc encor ma lyre;
Et, puisqu'en pèlerins ils vont en Aragon,
Que Guillem et Bascols y portent ma chanson.

Chanter et rire m'importune,
Car le Comte est dans l'infortune.
Pardonnez à mes tristes vers,
Hélas! mon cœur est à l'envers.
De partir ma peine est extrême,
Car, de voir la beauté que j'aime,
Je ne saurais jamais satisfaire mes yeux.
La quitter, est l'arrêt le plus cruel des Cieux.

Traïtz son et enganatz
A lei de bo servidor,
Quar hom me ten à folor
So don degr'esser onratz;
E n'aten tal gazardo
Com cel qui ser à felo :
Mas si d'er enan soi sieus
A mens me tenh que juzieus.

A tal domna m sui donatz
Que viu de joi e d'amor,
E de pretz e de valor;
On s'afina si beutatz
Com l'aur en l'arden carbo.
Equar mos precs li sap bo,
Be m par que'l segles es mieus
E que'l rei ten de mi ficus.

De fin joi sui coronatz
Sobre tot emperador;
Quar de filha de comtor
Me sui tant enamoratz,
Don n'ai mais ab un cordo
Que na Raïmbauda m do,
Que'l rei Richartz ab Peitieus
Ni ab Tors ni ab Angieus.

E si tot Lop m'apelatz
No m'o tenc à desonor,

Chacun m'accuse de folie
En connaissant la perfidie
De la dame qui tient mon cœur.
Qu'importe, je m'en fais honneur,
Et je n'attends rien en partage,
Puisque je sers une volage.
Mais tant qu'ainsi mon cœur tristement l'aimera,
Moins encore qu'un juif elle m'estimera.

De cette princesse divine,
De qui la beauté se raffine
Comme l'or dans l'ardent creuset,
Je suis l'amant et le sujet.
En bonne et loyale justice,
Elle me restera propice,
De même que, féal et brave serviteur,
Je reste le vassal du comte, mon seigneur.

Mon cœur est rempli d'allégresse.
Fille de comte a ma tendresse;
Et certainement l'empereur
Serait jaloux de mon bonheur.
Vrai Dieu! de beaucoup je préfère
Le ruban, la faveur légère
Que me donna Raimbaude à Poitiers, Angers, Tours,
Que Richard nous a pris et qu'il garde toujours.

A travers les bois, les bruyères,
J'entends les bergers, les bergères

Ni si m cridan li pastor,
Ni si m sui per lor cassatz;
Et am mais bosc e boisso
No fauc palais ni maizo;
Et aviol er mos trieus
Entre vent e gel e nieus.

La Loba dis que sieus so,
Et a ben drech e razo;
Que per ma fe meils sui sieus
Que no son autrui ni mieus.

PEIRE VIDAL.

Courir en m'appelant le Loup,
Et je ne m'émeus pas beaucoup
De leur vaine et folle poursuite;
Sous un buisson je cours bien vite
Et je m'y trouve mieux que sous un toit pompeux.
Dans le vent, dans la neige, aux bois je suis heureux.

La Louve dit que je suis tout à elle.
Elle a bien raison, par ma foi,
Car je ne puis être qu'à celle
Qui me ravit aux autres comme à moi.

PIERRE VIDAL.

II

La franca captenensa
Qu'ieu non posc oblidar,
El dos ris e l'esgar,
El semblan queus vi far,
Mi fan, domna valens,
Melhor qu'ieu no sai dir,
Ins el cor suspirar :
E si per me nous vens
Merces e cauzimens,
Tem que m n'er à morir.

Ses gienh e ses falhensa
Vos am, e ses cor var
Al meils qu'om pot pessar.
D'aitan nous aus forsar
Per vostres mandamens.
Ai! domna cui dezir,
Si conoissetz nius par
Que sia fallimens
Quar vos soi be volens,
Sufretz m'aquest fallir.

Non ai tan de plevensa,
Ni posc razon trobar
Don m'aus asegurar
Que ja m denhetz amar :

II

Le doux accueil qu'en votre cour
Vous avez fait, oh! noble dame,
A l'humble et pauvre troubadour;
De vos beaux yeux, la tendre flamme
De mille traits brûlants d'amour
Plus fort que je ne saurais dire
Ont atteint et blessé mon cœur.
Ayez pitié de mon martyre
Et pardonnez.... ou de douleur
   A vos genoux j'expire.

Oui, je vous aime, et sans détour,
Sans crainte j'ose vous le dire :
Je vous aime d'un tendre amour.
Hélas! vous pouvez me maudire
Et me bannir de ce séjour;
Mais si mon amour vous offense
Et si j'encours votre rigueur,
Si j'ai perdu toute espérance,
De grâce, oubliez mon erreur.
   Pitié pour ma souffrance!

En vain, je voudrais vous presser.
Je sais qu'encor vers le trouvère
Votre amour ne peut s'abaisser,
Et je connais trop ma misère

Mas ditz mos ferm talens
Que poiri' avenir.
No m dei desesperar;
Que tals es pauc manens
Que l fai asters e sens
En gran ricor venir.

Domna, per gran temensa,
Tan vos am eus ten car,
Nous aus estiers pregar.
Mas plus fai ad onrar
Us paubres avinens,
Quan sab honor grazir
E'ls bes d'amor celar,
Q'us rics desconoissens,
Cui par que totas gens
Lo dejan obezir.

Tan etz de gran valensa,
Queus am mais ab cor clar
Ses pro merce clamar
Qu'ab autra gazanhar.
El vostr' ensenhamens,
Pos no m'en posc partir,
Fassaus humiliar
Si que vostre cors gens,
Amoros e plazens,
Si no m val no m'azir.

ARNAUT DE MARUELH.

Même pour oser y penser.
Mais je veux garder l'espérance;
Car je sens vibrer dans mon cœur
Cette noble et double puissance
Qui mène l'homme à la grandeur :
   L'amour et la vaillance.

   Cet amour si cher à mon cœur
Me brûle et je n'ose le dire.
Je redoute votre rigueur,
Et de mon amoureux délire
Je n'ose dévoiler l'ardeur.
Des grands, des rois la flamme altière
Vous offre un encens dédaigneux.
Ah! préférez-lui du trouvère
L'amour humble, mystérieux,
   Reconnaissant, sincère.

   Tout en vous est d'un si haut prix,
Qu'en vous voyant je devins vôtre,
Et je suis tellement épris
Qu'à l'amour passionné d'une autre
Je préfère votre mépris.
Oh! noble et belle châtelaine!
Brisez-moi de votre rigueur,
Riez de ma cruelle peine,
Mais que jamais dans votre cœur
   Pour moi n'entre la haine.

Arnaud de MARWIEL.

III

Mot eran dous miei cossir
E ses tot marrimen,
Quan la bel' ab lo cor gen,
Humils, franqu'e de bon aire,
Me dis de s'amor estraire
  Don ieu no m posc partir.
  E quar ilh no m rete,
  Ni l'aus clamar merce
Tuich solatz mi son estranh,
Pos de leis joi mi sofranh.

Domna sius plagues sufrir,
  Pel vostr' eis cauzimen,
Qu'ab dous precs cars humilmen,
Mercejan com fis amaire,
Vos auzes mon cor retraire
  En loc d'autre jauzir,
  Vos no costera re
  Et mi feiratz gran be :
Que'l malaute quan se planh,
Si no l val, si se refranh.

Bela domna cui dezir,
  Per vostr' ensenhamen,
Vostre bel acoillimen,
No m vedets com soletz faire.
Del plus nous aus pregar gaire,

III

Depuis que la noble dame,
Tendre objet de mes amours,
M'a dit d'oublier ma flamme
Et de la fuir pour toujours,
Charmante rêverie, amoureuses pensées,
Douces illusions qui remplissaient mon cœur,
Bien vite ont été remplacées
Par l'amère douleur.

Vous voulez être cruelle,
Hélas! et m'abandonner.
Je suis soumis et fidèle;
Ah! vous pouvez pardonner.
Mais si de mon amour l'ardeur vous importune,
Accordez-moi du moins le plaisir triste et doux
De pleurer sur mon infortune,
Tremblant à vos genoux.

Oh! vous que mon cœur fidèle
Aime et désire ardemment,
Soyez bonne autant que belle
Et terminez mon tourment.

Tan soi espaventatz
Quar es de tan rics plais :
Mas Ovidis retrais
Qu'entre'ls corals amadors
Notz paratges e ricors.

Ensenhamen e beutatz,
Plazers ab gen parlar,
Gent acoillir et honrar,
Cortes' ab gaia semblansa
Nos fan sobr'autras onransa;
Per que jois e solatz
Reviu en vos e nais,
Vas qualque part biais :
E no m'o fai dir amors,
Mas ver e vostra valors.

Tant es per tot issausatz
Vostre pretz fin e cars,
Tem que nous val mos lauzars.
Pero be sai ses duptansa,
Si tot s'a drecha balansa,
Qui met plus en un latz
Sol un gran, peza mais
Vas cela part lo fais;
Atressi creis vostr' onors
Cum hom plus ne dis lauzors.

ARNAUT DE MARUELH.

Ne redoutez jamais que ma trop vive flamme,
Si vous me rappelez, pût me faire oublier
Que vous êtes puissante dame
Et moi pauvre écuyer.

Vous avez tout en partage :
Savoir, noble dignité,
Attraits divins, doux langage,
Air charmant, vive gaîté.
Toute beauté pâlit dès qu'on vous voit paraître,
Et, dans l'heureux sentier que vous daignez choisir,
Sous vos pas légers on voit naître
L'amour et le plaisir.

Tous vantent votre mérite,
Vos charmes, votre beauté.
Mon humble chant ne mérite
Auprès d'eux d'être compté.
Mais je sais qu'aussitôt la balance chancelle
Et monte au moindre poids à son poids ajouté.
Mon grain d'encens est la parcelle
Sur son plateau jeté.

ARNAUD DE MARWIEL.

IV

Lo clar temps vei brunezir
E'ls auzeletz esperdutz,
Que'l fregz ten destregz e mutz
E ses conort de jauzir.
Donc eu que de cor sospir
Per la gensor re qu'anc fos,
    Tan joios
  Son, qu'ades m'es vis
Que folh' e flor s'espandis.

D'amor son tug miei cossir,
Qu'al sieu servir soi rendutz;
E pois tan d'onor m'adutz
Ben o dei à deu grazir,
Que'l meils del mon sai cauzir.
Si s fera quascus de vos
    Volentos,
  Sius o acuillis
La bella cui soi amis.

Sos amics son e serai
Aitan quan la vida m dur;
E no crezatz que m pejur,
Enans mi meillurarai :
Que'l païs on el' estai
Azor, soplei et acli

IV

Le sombre hiver attriste la nature.
Du doux printemps oubliant les plaisirs,
Au fond des bois privés de leur verdure,
Sans amour, sans voix, sans désirs,
Les oiselets tremblent sous la froidure.
    Et moi, dont le cœur amoureux
    Aime la plus belle des belles,
Comme aux beaux jours des fleurs et des feuilles nouvelles,
    Je chante, j'aime et suis heureux.

    Esclave amant et chevalier fidèle,
Pensers d'amour remplissent tout mon cœur,
Et je bénis la puissance éternelle
Qui m'a comblé de bonheur et d'honneur
En me donnant une amante aussi belle.
    Sous le charme de ses beaux yeux
    En vain voudrait-on se défendre.
Ceux qui suivent ses pas, vaincus, doivent se rendre
    Et d'elle tomber amoureux.

    L'amour ardent qui dévore mon âme,
J'en fais serment, ne peut jamais finir;
De jour en jour augmentera ma flamme,
Et, quand viendra mon suprême soupir,
J'expirerai tout entier à ma dame.
    Absence, différents séjours

Ab cor fi;
E lai vir soven
Mos olhs, tan l'am finamen.

Ailas! tan destressa m fai
De lei vezer tor e mur!
Mas d'aisso m'en asegur
Per un messatgier qu'ieu n'ai,
Mon cor que soven lai vai;
E conorta m'enaissi,
Qu'endreg mi
Non au ni enten
Prec d'amic ni de paren.

En lei son tut mei cofort
E ves autra no m destolh,
Ni null'autra non acolh
Que ja l deman dreg ni tort.
Que la bona fe que l port
M'a si mon coratj' assis
E devis,
Qu'ieu non ai poder
De null'autr' amor voler.

E s'ieu en dic mon conort
No m'o tengas ad orgolh:
Quar eu l'am tant e la volh,
Que, s'era coita de mort,

Ne peuvent rien sur ma tendresse,
Et, vers les lieux charmants qu'habite ma maîtresse,
Mes yeux se dirigent toujours.

Créneaux maudits, jalouse citadelle
Qui dérobez chaque jour à mes yeux
Les doux attraits, les charmes de ma belle,
Mon cœur franchit vos remparts odieux
Et suit les pas d'un messager fidèle.
En vain jaloux de nos amours,
Du cœur de ma chère maîtresse
Parents, amis voudraient arracher ma tendresse;
Je les brave comme vos tours.

Tout mon plaisir ne peut être qu'en elle.
Je n'irai pas demander le bonheur
Ni le porter ailleurs; toujours fidèle
A cet amour je garderai mon cœur,
Sans provoquer défiance ou querelle.
Je suis tellement désormais
Saisi, rempli par ma tendresse,
Qu'avoir un autre amour ou nouvelle maîtresse,
Non, non.... je ne pourrais jamais.

Si j'ai chanté mon bonheur et ma flamme,
D'un vain orgueil je ne suis point la loi.
Tel est l'amour que je porte à ma dame,
Que vive ou morte elle aura tout de moi.

4

No querri' à deu tan fort
Que l'ai sus en paradis
    M'acoillis,
Com que m des lezer
D'una noitz ab liei jazer.

    Si com ieu dic ver
Mi don dieus ab liei jazer.

LO VESCOMS DE SANT-ANTONI.

Je l'aime plus que je n'aime mon âme.
Si jamais, vraiment je le dis,
J'avais un aveu de sa bouche,
Puis, une seule nuit, je partageais sa couche,
Je donnerais ma part de paradis.

Le Vicomte de SAINT-ANTONIN.

V

Per mantas guizas m'es datz
Gauz e deport e solatz;
Que per vergiers e per pratz,
E per foillas e per flors,
E pel temps qu'es refrescatz
Aug alegrar cantadors.
Mas al mieu cant neus ni glatz
No m not, ni m'ajud' estatz,
Ni res fors dieus et amors.

E pero ges no m desplatz
Lo bel temps ni la clardatz,
Ni'l dous cant qu'es pels plaissatz
Dels auzels, ni la verdors;
Qu'aissi m soi ab joi lassatz
Ab una de las meillors.
En leis es sens e beutatz,
Per que li do tot quan fatz,
E jois e pretz et honors.

En trop ricas voluntatz
S'es mos cors ab joi mesclatz:
Mas no sai si s'es foudatz,
O ardimens o paors,
O gran sens amezuratz,
O si es astre d'amors;

V

De bien des côtés à mon cœur
Arrivent plaisir et bonheur.
Par le temps frais, dans les prairies,
Aux bois, dans les herbes fleuries,
J'entends la voix du gai chanteur.
Que m'importe quel temps il fasse!
Noirs frimas, blanche neige ou glace
Ne pourront pas m'épouvanter.
L'amour et Dieu seuls me feront chanter.

J'aime pourtant le temps nouveau,
Le doux ramage de l'oiseau.
Dans les bois j'aime la verdure,
Et du jour la lumière pure;
Et surtout ce qu'on voit de beau
En esprit, en sagesse extrême,
En attraits chez celle que j'aime;
En elle sont tous mes désirs,
Ma volonté, ma joie et mes plaisirs.

Mon cœur, palpitant et joyeux,
S'est montré trop ambitieux.
Est-ce folie ou bien sagesse,
Crainte, trop amoureuse ivresse
Ou délire voluptueux?
Depuis l'heure de ma naissance,

Qu'anc de l'hora que fui natz
Mais no m destreis amistatz,
Ni m senti mal ni dolors.

Tan mi destreing sa beutatz,
Sa proez' e sa bontatz,
Que n'am mais suffrir en patz
Penas e dans e dolors,
Que d'autra jauzen amatz
Grans befaitz e gran socors.
Sieus son plevitz e juratz,
E serai ades seil platz,
Denan totz autres seingnors.

Quan mi membra del comiatz
Que pris de lieis totz forsatz,
Alegres soi et iratz;
Qu'ab sospirs mesclatz de plors
Me dis : bels amics, tornatz
Per merce vas me de cors.
Per qu'ieu tornarai viatz
Vas lieis, quar autr'embaissatz
No m'es delietz ni sabors.

LO REIS D'ARAGON.

Non, jamais, je n'ai souvenance
D'avoir été plus amoureux
Ni plus dispos, plus content, plus heureux.

De ses attraits, de sa beauté,
De ses vertus, de sa bonté
Mon âme est tellement éprise,
Que, je le dis avec franchise :
D'elle, j'aime mieux cruauté,
Douleur, chagrin que jouissance,
Amour, douceur et récompense
D'une autre... Aussi j'ai fait serment,
Bien plus qu'aucun, de l'aimer tendrement.

Quand je me souviens du congé
Que d'elle je fus obligé
De prendre malgré ma tendresse,
Je ressens et joie et tristesse.
Bel ami, d'un air affligé
Me dit-elle, revenez vite;
C'est pour vous que mon cœur palpite.
Et je reviens avec ardeur;
Tout autre amour est pour moi sans saveur.

LE ROI D'ARAGON.

VI

Ab joi et ab joven m'apais,
  E jois e jovens m'apaia;
Quar mos amics es lo plus gais,
  Per qu'ieu soi coindet'e gaia.
  E pois eu li soi veraia,
Be s taing qu'el me sia verais,
Qu'anc de lui amar no m'estrais
  Ni ai cor que m'en estraia.

Mout mi platz, quar sai que val mais
  Cel qu'ieu ai dezir que m'aia;
E cel que primiers lo m'atrais,
  Dieu prec que gran joi l'atraia.
  E qui que mal l'en retraia,
No creza fors so qu'ieu l retrais :
Qu'om coill mantas vetz lo balais
  Ab qu'el mezeis se balaia.

Domna quez en bon pretz s'enten
  Deu ben pauzar s'entendensa
En un pro cavallier valen;
  Pos ilh conois sa valensa,
  Que l'aus' amar à presensa :
E domna, pois am' à presen,
Ja pois li pro ni li valen
  No'n diran mas avinensa.

VI

J'aime la gaîté, la jeunesse;
Que jeunesse et gaîté me donnent le bonheur.
Il est vaillant celui qui possède mon cœur!
Et moi j'ai pour ma part et joie et gentillesse.
Si mon ami je chéris tendrement,
Si je lui suis toujours douce et fidèle,
Il faut, de son côté, qu'il m'aime également.
Des amants soyons le modèle.

Je suis, je l'avoue, orgueilleuse
De cet amant auquel je veux appartenir.
Que le seigneur en joie aime à le maintenir,
Et puisque le premier il me rendit heureuse,
Ah! qu'il n'ait rien jamais à me cacher.
L'homme, souvent imprudemment folâtre
Et maladroitement, va lui-même chercher
Le bâton pour se faire battre.

Dame qui s'entend en prouesse
Doit savoir, quand il faut, faire un choix amoureux,
Trouver un chevalier loyal et valeureux;
Et quand elle a connu sa valeur, sa noblesse,
Sans hésiter, qu'elle sache l'aimer.
Les chevaliers, quand ils voient une dame
Aimer sans crainte ainsi, la peuvent estimer
Sans lui jeter le moindre blâme.

Qu'ieu ai causit un pros e gen
Per cui pretz meillur'e gensa,
Larc et adreit e conoissen,
On es sen e conoissensa.
Prec li que n'aia crezensa,
Ni hom no l posca far crezen
Qu'ieu fassa vas lui fallimen,
Sol no trob en lui faillensa.

Amics, la vostra valensa
Sabon li pro e li valen,
Per qu'ieu vos quier de mantenen
Sius platz vostra mantenensa.

LA COMTESSA DE DIA.

J'ai choisi chevalier aimable,
Plein de sens et d'esprit, charmant et généreux,
Hardi, galant, joyeux et noble et courageux,
Dont le mérite croît et devient plus durable.
Il ne doit pas se laisser prévenir
Par les méchants, ni douter que je l'aime.
Je ne pourrai jamais le tromper, le trahir,
S'il ne me trompe pas lui-même.

Les chevaliers, les preux, les gens d'honneur
Connaissent tous, ami, votre valeur.
Avec franchise je vous aime;
Aimez-moi, s'il vous plaît, de même.

LA COMTESSE DE DIE.

VII

Si be m partets, mala domna, de vos,
Non es razo qu'ieu me parta de can
Ni de solatz; quar faria semblan
Qu'ieu fos iratz de so don sui joios.
Ben fui iratz, mas eras m'en repen,
Quar après ai del vostr' ensenhamèn
Com posca leu camiar ma voluntat :
Per qu'ara cant d'aquo don ai plorat.

Plorat n'ai eu, e'l mager ocaizos
M'en ven de tal que no s n'ira camian;
Qu'à mi non es, si tot s'en vai gaban,
Anta ni dans, ni leis honor ni pros.
Quar si m camiet per lui nesciamen,
Lui camiara ben leu plus folamen,
Per qu'ieu no l sai d'aquest cambi mal grat :
Tan camiara tro l'aia'l cors camiat.

Mala domna, anc no cugei que fos
Que s'ieu perdes no m'o tengues à dan;
Quar l'aculhir, don vos sabiatz tan,
E'l gen parlar ab las plazens faissos
Vos fazian sobre totas valen :
Mas araus tol foudat l'aculhimen,
E'l gen parlar es mesclat ab barat;
Et en breu temps vos perdretz la beutat.

VII

Votre ingrate rigueur loin de vous me renvoie,
Belle dame sans cœur; mais dois-je m'attrister
Ou rester muet?.... Non, en cessant de chanter,
J'aurais l'air irrité de ce qui fait ma joie.
Il est vrai que d'abord je fus désespéré;
Combien je m'en repens! Votre perfide école
M'apprit qu'on peut changer son cœur et sa parole,
Et je chante à présent de ce que j'ai pleuré.

J'ai pleuré, mais j'en ai sincère repentance,
Et je ne veux changer cet amer sentiment.
Je me moque de tout sans regret, hardiment :
Dommage, injure, affront, honneur, vertu, vaillance.
A lui pour se donner elle m'a délaissé,
Mais, par son abandon, elle sera punie;
Je lui pardonne un peu sa noire félonie,
Car de changer bientôt son cœur sera lassé.

Je n'aurais jamais cru, trop insensible amante,
Que, m'ayant rejeté, vous puissiez m'en vouloir,
Vous, que bien au-dessus de tous faisaient valoir
Langage aimable et doux, façon tendre et galante.
Votre charmant accueil, votre affabilité,
Vous les considérez comme erreur, ironie;
Votre parler charmant n'est plus que tromperie,
Et bientôt vous perdrez votre exquise beauté.

Tan quant hom fai so que deu es hom pros,
E tan leials quan se gara d'engan :
Per vos o dic, si beus lauzei cantan
Mentr' era'l digz vertadiers e'ls fagz bos.
Ges per aisso no devetz dir qu'ieu men,
Si tot nous tenc ara per tan valen :
Quar qui laissa so qu'a ben comensat
Non a bon pretz per aquo qu'es passat.

Mala domna faitz m'avetz enoios
E mal parlier, don non agra talan;
Pero be sai qu'à mal m'o tornaran
E que mens n'er prezada ma cansos.
Mas non er fait, que tant ai longamen
Vostre voler volgut enteiramen,
Per qu'az horas m'es tant en us tornat
No posc dir sen que vos fassatz foudat.

Adreg fora, si tot non es razos,
Que si domna fezes ren mal estan,
Qu'om loi celes e'ls bes traisses enan :
Mas aras es passada la sazos,
Per queus devetz gardar de fallimen.
A vos o dic, de totas o enten,
Que si failletz ja no vos er celat;
Ans en vol hom mais dir que per vertat.

Mala domna, lo cor mi part e m fen
Quan mi membra del bel aculhimen,

Quand on fait ce qu'on doit et qu'on hait l'infamie,
Qu'on est franc et loyal, on est homme d'honneur.
J'ai chanté vos attraits, votre esprit, votre cœur,
Quand pour moi vous étiez une charmante amie;
Mais, ne m'accusez pas de lâchement mentir,
Si maintenant pour vous j'ai changé de langage,
Et si, sans l'achever, laissant là mon ouvrage,
J'en laisse aussi le prix sans vouloir l'obtenir.

Vos injustes rigueurs, oh! dame trop cruelle!
M'ont rendu, malgré moi, méchant, aigri, fâcheux;
Mais ne me croyez pas pour cela malheureux.
Comme autrefois, mes chants seront aimés des belles.
Je sus à vos désirs toujours me conformer.
Bien longtemps, il est vrai, sans nulle lassitude,
Tant de vous admirer j'avais pris l'habitude,
Qu'aujourd'hui même encor je ne sais vous blâmer.

Il serait de bon droit et de bonne justice
Que, si dame commet un fait inconvenant,
Elle fût châtiée en perdant son amant.
Mais il a disparu pour vous, le temps propice,
Et vous ne pouvez plus, comme autrefois, tromper.
Pour les autres, pour vous, je le dis et répète,
Nulle de vos erreurs je ne tiendrai secrète;
Bien mieux, j'aurai le soin encor d'en ajouter.

Mon cœur, dame cruelle, et se brise et se serre
Au souvenir de votre accueil charmant

Quan vos mi diest lo baizar car comprat
Per qu'ieus rendei lo fals anel veirat.

Rei d'Arago, domnejan e meten
E conqueren conqueretz pretz valen :
Cregut avetz bon pretz e comensat;
E s'o laissatz perdut avetz lo grat.

GUI D'UISSEL.

Et de ce doux baiser acheté chèrement
   Au prix d'un faux anneau de verre.

Roi d'Aragon, galant et généreux seigneur,
Vous devîntes fameux par plus d'une victoire!
Seul, vous avez conquis et doublé votre gloire.
La perdriez-vous... encor vous resterait l'honneur.

Guy d'UISSEL.

VIII

Ab l'aien tir vas me l'aire
Qu'ieu sen venir de Proensa,
Tot quant es de l'ai m'agensa
Si, que quan n'aug ben retraire
Ieu m'o escout en rizen
E'n deman per un mot cen;
Tan m'es bel quan n'aug ben dire.

Qu'om no sab tan dous repaire
Com de Rozer troca Vensa,
Si com claus mars e Durensa,
Ni on tan fis jois s'esclaire :
Per qu'entre la franca gen
Ai laissat mon cor jauzen
Ab leis que fa'ls iratz rire.

Qu'om no pot lo jorn mal traire
Qu'aia de leis sovinensa,
Qu'en leis nais jois e comensa;
E qui qu'en sia lauzaire
De be qu'en diga noi men :
Melher es, e ses conten,
E genser qu'él mon se mire.

E s'ieu sai ren dir ni faire
Ilh n'aia grat, que sciensa
M'a donat e conoissensa

VIII

La brise parfumée, arrivant de Provence,
    Du plus doux émoi m'attendrit.
Ce qui vient de là-bas me plaît et me sourit,
    Et me remplit d'aimable souvenance.
Je ris lorsque j'entends pompeusement vanter
    Ce beau pays d'honneur et de vaillance,
Et je dis : Vous pouvez cent fois plus ajouter.

Est-il plus beau séjour que ce lieu de plaisance,
    A Vensa reliant Rozer,
Qu'entoure en écumant la vague de la mer
    Et que parcourt le flot de la Durance !
C'est là que j'ai laissé les débris de mon cœur,
    Dans cette cour charmante de Provence,
Dont la reine répand la joie et le bonheur.

Il ne pourra jamais connaître la souffrance,
    Celui qui d'elle se souvient
Ou qui la voit, car c'est d'elle que toujours vient
    Trésor d'amour, de joie et d'espérance.
En vain les courtisans voudront-ils la chanter.
    Ils avoueront bientôt leur impuissance
En disant : De plus belle il n'en peut exister.

Hélas ! et si, malgré ma triste insuffisance,
    J'ai quelquefois osé tenter
De composer des vers, même de la chanter,

Per qu'ieu soi gais e cantaire;
E tot quan fauc d'avinen
Ai del sieu bel cors plazen,
Neis quan de bon cor cossire.

PEIRE VIDAL.

Qu'elle ne m'ait gré ni reconnaissance ;
Car tout ce que je fis pour célébrer son cœur,
   Et pour prouver mon amour, ma constance,
Elle me l'inspira, me rendant gai chanteur.

PIERRE VIDAL.

SIRVENTE

Be m platz lo dous temps de pascor
Que fai foillas e flors venir;
E platz me quant aug la baudor
Dels auzels, que fan retentir
   Lor cant per lo boscatge;
E platz mi quan vei sobre'ls pratz
Tendas e pavaillos fermatz;
   Et ai gran alegratge,
Quan vei per campaigna rengatz
Cavaliers e cavals armatz.

   E platz mi quan li corredor
Fan las gens e l'aver fugir;
E platz me quan vei apres lor
Gran ren d'armatz ensems venir;
   E platz m'en mon coratge,
Quan vei fortz castels asejatz
E barres rotz et esfondratz;
   E vei l'ost él rivatge
Tot entorn claus de bons fossatz,
Am lissas et am pals serratz.

SIRVENTE

———

Que j'aime du printemps la charmante saison !
Il fait naître les fleurs, il verdit le feuillage,
Et je me trouve heureux, écoutant sous l'ombrage
Les oiseaux gazouiller leur joyeuse chanson.
Mais aussi j'aime à voir, à travers la prairie,
Se dresser bruyamment tentes et pavillons,
Et se ranger au loin les nombreux bataillons
  De la fière cavalerie.

Il me plaît tout autant voir les avant-coureurs
Avec peine mettant bêtes et gens en fuite,
Tumultueusement entraînant à leur suite
Les innombrables rangs des ardents guerroyeurs.
Avec plaisir je vois les forts, les citadelles
Assiégés et forcés, s'abattre et s'écrouler,
Et l'ost, avec ardeur, se clore et s'entourer
  De fossés et de sentinelles.

Et atressi m platz de senhor
Quan ven premiers à l'envaïr
En caval armat ses temor,
C'aissi fai los sicus enardir
  Ab valen vassalatge;
E pois que l'estors es mesclatz,
Quascus deu esser acesmatz
  É segr'el d'agradatge :
Quar hom non es à dreg prezatz
Tro qu'a mantz colps pres e donatz.

  Lansas e brans, elms de color,
Escutz trencar e desgarnir
Veirem à l'entrar de l'estor,
E manz vassals ensems ferir;
  Don anaran aratge
Cavals dels mortz e dels nafratz.
Quan seren en l'estor intratz,
  Ja nuls hom de paratge
No pens mas d'asclar caps e bratz :
Que mais val mortz que vius sobratz.

  Ieus dic que tant no m'a sabor
Manjars ni beure ni dormir,
Coma quant aug cridar : à lor!
D'ambas dos partz; et aug enguir
  Cavals voiz per l'erbatge;
Et aug cridar : aiatz! aiatz!

J'aime surtout à voir un noble chevalier
A cheval vaillamment se battre et faire rage,
Et donner aux soldats l'exemple du courage,
En montant à l'assaut sans peur et le premier.
Dans le choc, sur ses pas chacun se précipite,
Car celui dont les bras rudes et valeureux
Reçoivent, ont frappé les coups les plus nombreux,
Beau renom conquiert et mérite.

Au début du combat, les deux camps opposés
Ne forment plus bientôt qu'une sanglante armée,
Et soudain, sous leurs pas, la terre est parsemée
De lances et d'écus et de cimiers brisés.
Le cheval démonté fuit et, dans la défaite,
Tout chevalier vainqueur, tristement convaincu
Qu'un ennemi vaut mieux mort plutôt que vaincu,
Sans pitié casse bras et tête.

Que m'importe manger, boire, rire ou dormir;
Je me plais aux dangers, aux combats, aux alarmes,
Et je me réjouis quand on appelle aux armes
Et que, dans les forêts, j'entends chevaux hennir.
Des vaincus suppliants moi j'aime les prières,

E vei cazer per los fossatz
  Paues e grans per l'ombratge;
E vei los mortz que pels costatz
An los penons ab los cendatz.

  Pros comtessa, per la meillor
Qu'om posqu'en tot lo mon cauzir
Vos ten hom, e per la gensor
Qu'anc si mires ni ja se mir.
  Bietritz, d'aut paratge,
Bona domn'en ditz et en fatz,
Fons on sorzon totas beutatz,
  Bella ses maïstratge,
Vostre ric pretz es tan pojatz
Que sobre totz es enansatz.

  Donzella d'aut linhatge,
Tal en cui es tota beutatz,
Am fort e sui per leis amatz;
  E dona m tal coratge,
Que ja no pens esser sobratz
Per un dels plus outracujatz.
  Baros, metetz en gatge
Castels o villas o ciutatz,
Enans c'usquecs nous guerrejatz.

BERTRAN DE BORN.

Et j'aime à voir aussi dans les fossés, gisants,
Les soldats et les chefs, les petits, les puissants
    Près des drapeaux et des bannières.

  Noble comtesse, ici je proclame et soutiens
Que vous fûtes toujours la plus belle du monde;
Votre beauté n'a pas d'égale et de seconde.
Pour la plus adorable en tout point je vous tiens.
Biétritz de haut lieu, grande dame accomplie,
Belle sans le savoir, fontaine de beauté,
Votre éminent mérite est si fort attesté
    Que, devant lui, tout autre plie.

  Oh! vous que j'aime tant et qui daignez m'aimer!
Oh! vous qui possédez tous les dons en partage,
Demoiselle de haut et de noble lignage,
De courage par vous je me sens animer!
Viennent les plus vaillants, ils ne m'inquiètent guère;
Puissants barons, mettez en gage vos châteaux,
Vos cités et vos bourgs et vos forts à créneaux
    Avant de nous faire la guerre.

BERTRAND DE BORN.

TENSON

— Domna per vos estauc en greu tormen.
— Senher fols es, qu'ieu nul grat nous en sen.
— Domna, per dieu aiatz-en cauzimen.
— Senher vostres precs hi anatz perden.
— Bona Domna jaus am ieu finamen.
— Senher et ieus volh pietz qu'à l'autra gen.
— Domna per so n'ai eu lo cor dolen.
— Senher et ieu alegres e jauzen.

— Domna, ja mor per vos ses nul cofort.
— Senher be trop n'auretz fait lonc acort.
— Domna ja es ma vida piegz de mort.
— Senher so m platz, sol qu'ieu non aia tort.
— Domna de vos non ai mas desconort.
— Senher, edoncs cujatz queus am per fort?
— Domna ab un semblan m'agratz estort.
— Senher respieitz noi aiatz ni conort.

— Domna vauc donc alhors clamar merce.
— Senher anatz; e doncs qui vos rete?
— Domna no pose, que vostr'amor me te.
— Senes cosselh, senher, o fas de me.

TENSON

— Belle dame, pour vous, je suis en grand émoi.
— Que m'importe, seigneur... Ah! vous perdez la tête.
— N'aurez-vous donc jamais quelque pitié de moi?
— Vous me priez en vain, seigneur, je le répète.
— Ah! si vous connaissiez de ma flamme l'ardeur!
— Plus que qui que ce soit, seigneur, je vous déteste.
— En me parlant ainsi, vous me brisez le cœur.
— Et le mien est joyeux, seigneur, je vous l'atteste.

— Il faut mourir pour vous, dame, quel triste sort!
— Cessez, seigneur, cessez cette longue poursuite.
— Le tourment de ma vie est pire que la mort.
— J'en suis fort innocente et je m'en félicite.
— Oh! combien envers moi dure est votre rigueur.
— A mon amour, seigneur, vous faites violence.
— Le plus petit espoir eut consolé mon cœur.
— Retirez-vous, seigneur, perdez toute espérance.

— Vous voulez donc qu'ailleurs je demande merci?
— Allez, seigneur, allez... Eh! qui donc vous arrête?
— L'ardent et pur amour que je ressens ici.
— Malgré moi, vous laissez divaguer votre tête.

— Domna trop mal me respondes anese.
— Senher quar piegz vos volh qu'az autra re.
— E dones, domna, no m faretz ja nul be?
— Senher aissi er com dizetz so cre.

— Amors gitat m'avetz à no m'en cal,
— Amies, per dieu no posc faire ren al.
— Amors e vos ja m'eretz de tot mal.
— Amies per so von trairei san e sal.
— Amors per que m fetz cauzir domn'aital?
— Amies ieu vos mostrei so que mais val.
— Amors, no posc sufrir l'afan coral.
— Amies, per so queram autre logal.

— Amors en tot quan faitz vos vei fallir.
— Amies à gran trot me voletz laidir.
— Amors e dones per que m volets partir?
— Amies quar greu m'es quan vos vei morir.
— Amors ja no cugetz qu'alhor me vir.
— Amies per so pessatz del ben sufrir.
— Amors semblaus si j'an poirai jauzir?
— Amies vos o, sufren et ab servir.

Aimeric de PEGULHA.

— Ces mots sont trop cruels, c'est de l'inimitié.
— C'est le seul sentiment que j'ai pour vos mérites.
— Vous n'aurez donc jamais de moi quelque pitié?
— Croyez-le bien, seigneur, c'est comme vous le dites.

— Amour, cruel amour, vous m'avez égaré.
— Ami, différemment jamais je ne puis faire.
— Dans l'abîme des maux je languis éploré.
— Je vous en tirerai sain et sauf, je l'espère.
— De ma dame pourquoi me fîtes-vous l'amant?
— Ami, je vous montrai de toutes la plus belle.
— Je succombe aux douleurs de l'amoureux tourment.
— Eh! tâchez de trouver une amante nouvelle.

— Vous êtes un perfide, amour, en tous vos traits.
— Pourquoi donc me noircir, ami, de cette sorte?
— Ne me dites-vous pas d'oublier tant d'attraits?
— C'est que j'ai grand chagrin de voir votre âme morte.
— Non, jamais, croyez-le, ne changera mon cœur.
— Préparez-vous alors à souffrir de plus belle.
— Pour moi, dans ce bas monde, il n'est plus de bonheur.
— Il faut savoir souffrir quand on aime une belle.

AIMÉRIC DE PEGULHA.

COMPLAINH

Si tut li dolor, el plor, el marrimen
E las dolors, el dau, el cartivier
Que hom agues en est segle dolen
Fosson ensems, semblaran tut leugier
Contra la mort dél jove rei engles;
Don reman pretz e jovain dolairos
E'l mon escurs e tenb e terebros
Sem de tot joi, plen de tristor e d'ira.

Dolent e trist e plen de marrimen
Son remanzut li cortes soudadier,
E'l trobador, e'l joglar avinen
Trop an agut en mort mortal guerier
Que tot los a lo joven rei engles;
Vas cui eran li plus larc cobeitos
la non er mais, m non crezas que fos,
Vas aquest dan el segle plors in ira.

Ententa mort, plena de marrimen
Vanar te posds qu'el melhor cavalier
As tolt al mon, qu'anc fos de nulha gen;
Quar non es res qu'a pretz aïa mestiers

COMPLAINTE

Si tous les désespoirs, les pleurs et les ennuis,
Les douleurs, les chagrins, les larmes, les misères
De ces temps malheureux se trouvaient réunis,
Leurs peines paraîtraient et douces et légères
Près de la triste mort du jeune prince anglais.
Tout est en deuil : l'honneur, la gloire et la sagesse;
Le monde consterné, couvert d'un crêpe épais,
Sans joie et sans bonheur, est tout à sa tristesse.

Atterrés, accablés d'une sombre douleur,
Ils demeurent plongés dans leur peine mortelle,
Citoyen et soldat, troubadour et jongleur.
La mort, à leur égard, se montra trop cruelle
Quand elle leur ravit le jeune prince anglais.
Superbe, généreux, vaillant et plein de charmes
Il était entre tous; pour le pleurer, jamais
Le monde ne pourra verser assez de larmes.

O mort, barbare mort! Va, tu peux te vanter
D'avoir fauché la fleur de la galanterie.
A l'univers tu viens, trop cruelle, d'ôter
Son plus rare trésor; vertus, chevalerie,

6

Que tot no fos el jove rei engles,
E fora miels s'e a Dieus plagues razos
Que visques, el que mant autre envios
Qu'anc no feron als pros mas dol et ira.

Daquest segle flac, plen de marrimen
S'amor s'en va, son joi tench mensongier
Que ren no i a que non torn'en cozen,
Tot jorns verretz que val mens hues que ier,
Cascun se mir el jove rei engles
Qu'era d'el mon lo plus valens des pros,
Ar es amat son gen cor amoros
Dont es dolor e desconor et ira.

Celui que plac per nostre marrimen
Venir el mon, e nos trais d'escombrier
E receup mort à nostre salvamen,
Co a senhor humils e dreiturier
Clamen merce, qu'al jove rei engles
Perdon, s'il platz, si com es vers perdos
E'l foissa estar ab onratz companhos
Lai on anc dol non er ne i aura ira.

BERTRAND DE BORN.

Il avait tout en lui le jeune prince anglais.
Oh! comme il vaudrait mieux qu'il revint à la vie
En place des félons, des traîtres, des mauvais
Qui poursuivent les preux de leur jalouse envie.

Ce siècle est lâche et vain; il est plein de douleur,
Et, si l'amour le quitte, en cruelle détresse
Tout en lui tournera; tôt s'en va le bonheur.
Aujourd'hui plus qu'hier prend sa part de tristesse,
La preuve en est la mort du jeune prince anglais.
Il était le premier parmi les hommes d'armes;
Son cœur, son noble cœur ne bat plus désormais.
Tout entiers livrons-nous à la douleur, aux larmes.

A celui qui, voulant nous sauver du malheur,
Vint en ce monde et nous retira de l'abîme
En mourant pour nous tous, charitable seigneur,
Adressons-nous, prions cette sainte victime
D'accorder son pardon au jeune prince anglais
Et de lui donner place en bonne compagnie,
Au séjour où le deuil ne peut entrer jamais
Dans le sein bienheureux de la gloire infinie.

BERTRAND DE BORN.

RONDE

Amor, don no sui clamans
M'a fag donar e estraïre
E dezirar pros e dans
E esser ferm' e camjaïre
E percassar plors e chans
E esser pecs e sabens,
Que re no'l puesc contradire
Donc, qual esfortz fa, si m vens
E me fac languir de dezire
Ses esper d'esser gauzens.

Ses esper d'esser gauzens
M'a donnat novel cossire
Amor per lieys qu'es valen
Tan que perdos en sospire
Mas d'aisso me conort al mens
Que tost m'aucira l'afan
Plus que senhor de bon aïre
Ab bels semblers m'enaus
Non truep que pro m tenha gaïre
Mas assajar m'es laus.

GUIRAUT RIQUIER.

RONDE

—

L'amour, et nul regret n'en éprouve mon cœur,
En même temps m'a fait souvent donner et prendre
Et désirer tantôt plaisir, tantôt douleur,
Et rester inconstant comme fidèle et tendre,
Aimer également et les pleurs et lo chant
Et me montrer tantôt ignorant et sachant,
Car à l'amour jamais je ne fis résistance.
Pour me vaincre, ma dame, en me faisant languir,
N'a nul effort à faire et m'ôte l'espérance
D'obtenir jamais d'elle un instant de plaisir.

D'obtenir jamais d'elle un instant de plaisir,
Hélas! encor pour moi toute espérance est vaine.
Je vais me consumant en ardeur, en désir,
Pour celle qui toujours fut ma dame et ma reine;
Mais le cruel chagrin ne m'épouvante pas,
Car ma douleur bientôt m'aura mis au trépas.
Puisque avec mon seigneur, puissant et débonnaire,
Auprès duquel me fit avancer mon savoir
Je suis sans espérance et ne profite guère,
Cet élan j'essaierai de le faire valoir.

GIRAUD RIQUIER.

RETROENSA

Plus astros no m'es donatz
Que de mi dons bes m'eschaya
Ni nulhs mos plazers no'l platz
Ni ai poder que me estraïa.
Ops m'es qu'ieu via fondatz,
En via d'amor veraïa,
E puese n'apense assatz
En Caialuenha la gaya,
Entr' ls Catalans valens
E las donas avinens.

Quar dompneys pretz e valor
Joy e graiz e cortesia
Sens e sabers e honors
Bels parlar bella paria
E languesa et amors
Conoyssensa e cundia
Troban manten e socors,
E Caialuenha a tria,
Entr' ls Catalans valens
E las donas avinens.

RETROENSA

Puisque un sort fatal et moqueur
M'empêche de plaire à ma dame
Et de faire battre son cœur
Sans pouvoir éteindre ma flamme,
Je dois chercher en d'autres lieux
D'amour le sentier véritable,
Et je ne saurais trouver mieux
Qu'en cette Catalogne aimable,
Chez les Catalans valeureux
Où la femme est charmante, affable.

Car mérite, prix et valeur,
Gaité, plaisir et courtoisie,
Esprit, savoir, raison, honneur,
Beau maintien, douce poésie,
Procédé loyal, amoureux,
Entretien courtois, agréable,
Trouvent un appui généreux
Dans cette Catalogne aimable,
Chez les Catalans valeureux
Où la femme est charmante, affable.

E s'ieu contr'ls non aprene
So per qu'amor guazardona,
Servirs als sieus, don dan prene
No y a mas qu'om rebona,
Quar tan d'afan me sostene,
Que m'a gitat de Narbona
E per grandir via tene
En Cataluenha la bona
Entr' ls Catalans valens
E las donas avinens.

Tan sui d'apenre raissos
So que d'amor ai failhensa,
Que nulh pessars no m'es bos,
Mas selh qu'als verais agensa
Equar no'l say ad estros
Van per bona entendensa
Querr' e trobar coehos
En Cataluenha valensa
Entr' ls Catalans valens
E donas avinens.

GUIRAUT RIQUIER.

C'est pourquoi j'ai pressant désir
D'apprendre ses galants usages,
Et j'aurais le plus grand plaisir
Qu'elle pût ouïr mon langage.
De Narbonne, il est douloureux
Mon exil, il est lamentable;
Je tourne mes pas soucieux
Vers cette Catalogne aimable,
Chez les Catalans valeureux
Où la femme est charmante, affable.

Au milieu d'eux si je n'apprends
La tendre et douce récompense
D'amour, peine vaine je prends;
Je n'espère plus d'allégeance.
Le plus ardent de tous mes vœux
C'est qu'elle me soit secourable,
Me permettant de vivre heureux
Dans cette Catalogne aimable,
Chez les Catalans valeureux
Où la femme est charmante, affable.

GIRAUD RIQUIER.

BREF

Amors m'auci, que m fai tan abelhir
S'ella que me plai, quar neys no m'eschai gratz
Ni ai poder ni cor qu'alla m vir,
Et es me mortz, qu'ieu ben anc non amatz
      Per que mon chans diversa.

Mout ai chantat que anc no plac auzir,
A Lieys qu'ieu am, per que m suy acordatz.
Plus mas chansos ab pretz no vol grazir,
Qu'es breu-doble fassa, et si li platz
      Tenrai via traversa.

Nuegs e jorns pos co pogues avenir
En far son grat, per que me sui assajatz
En tan chantars, qu'estiers no li aus dir
Los mals qu'ieu tray, et on pus sui sobratz
      Ieu la truep pus enversa.

Mos bellis deportz, es noms me fa mentir
Qu'ab desconort lo dig, quar n'o m'aidatz
      Mos dobles mals se tersa.

GUIRAUT RIQUIER.

DOUBLE

Victime de l'amour, sous le charme j'expire
De celle que j'adore, et je n'ai nul plaisir
De me tourner ailleurs; je ne peux ni désire,
J'aime sans être aimé, n'est-ce pas là mourir?
    Aussi mon chant à tout vent vire.

Pendant que je chantais, hélas! celle que j'aime
Fut sourde à mes accents. Eh bien! je chanterai,
Mes chansons encourant sa rigueur trop extrême,
Un bref-double à présent, et, s'il lui plait, j'irai
    A travers la voie elle-même.

Nuit et jour je soupire et je cherche en mon âme
A la toucher; aussi que de chants amoureux
Je tentai, car en vers je lui disais ma flamme
Et mes malheurs aussi; plus j'étais malheureux,
    Et plus cruelle était ma dame.

Mon beau plaisir, ce mot si doux qu'avec douleur
Je dis, me fait mentir; près de vous j'intercède.
    Si vous ne venez à mon aide,
De double il deviendra tierce mon malheur.

Giraud RIQUIER.

DESCORT

Eras, quan vei verdejar
Pratz e vergiers e boscatges,
Volh un descort comensar
D'amor, per cui vauc aratges :
Q'una domna m sol amar,
Mas camiatz l'es sos coratges,
Per qu'ieu fauc desacordar
Los mots e'ls sos e'ls lengatges.

Eu soi cel que ben non aio,
Ni enqueras non l'averò
Per abrilo ni per mayo,
Si per madono no l'ò.
Plus fresqu'es que flor de glaio,
Per que no m'en partirò :
Certo que en son lengaio
Sa gran beutat dire no so.

Bella, doussa dama chera
A vos me rent e m'autroi.
Ja non aurai joi enteira
Si je n'ai vos e vos moi.

DESCORT

C'est le réveil de la nature.
Les prés et les bois d'alentour
Reverdissent; à l'aventure
Je vais chanter descort d'amour.
Aimé par dame trop volage,
J'ai vu bientôt son cœur changé,
Et de discorder mon langage,
Mes mots, mes vers, mes chants je me vois obligé.

Je suis celui qui, sauf son âme,
Ici-bas ne possède rien.
Avril, mai, jamais sans ma dame
Ne pourront me donner de bien.
Je voudrais avoir sa parole
Pour chanter sa grande beauté.
Fraîche elle est comme la corolle
De la fleur du glaïeul aux plus beaux jours d'été.

Belle dame à mon cœur si chère,
Je vous donne toute ma foi.
Je n'aurai jamais joie entière
Sans être à vous et vous à moi.

Molt estes mala guerreira
Si je muer per bona foi;
Mais ja per nuilla maneira
Non partirai de vostre loi.

Dauna, io me tenc à bos,
Qoar es la mes bon' e bera
Anc sees, gaillard' e pros,
Ab que no m fosetz tan fera.
Mout avetz beras faissos
Ab coror fresca novera :
Bostes sui, e sibs ag os
No m sofraisera fiera.

Mas tan temo vostro pleit
Todo' n soi escarmentado.
Par vos ai pen' e maltreito
E mei corpo lazerado.
La nueit quan jatz en mei leito
Soi mochas vetz respetado.
Por vos ero non porfeito,
Faillit soi en mei cuidado.
Mais que faillir non cuydetz.

Bels Cavaliers, tant es cars
Lo vostr' onrat senhoratges;
Que quada jorno m'esglaio.
Oime! lasso, que farò?

Mon âme à la vôtre est unie.
D'amour en me faisant mourir
Vous m'accablez de tyrannie.
A vous, quoiqu'il en soit, je veux appartenir.

Je me rends à vous, oh! ma belle.
Vous avez attraits et beauté;
Ne soyez pas pour moi cruelle,
Accordez-moi votre bonté.
Vous avez des façons plaisantes,
Des couleurs fraîches et charmantes;
Combien je ferais de jaloux
Si vous étiez à moi comme je suis à vous.

Mais que je crains votre colère!
J'en ai subi le dur tourment,
Et de cette douleur amère
Est déchiré mon cœur aimant.
La nuit, au lit subitement
En pensant à vous je m'éveille;
Mais, que je dorme ou que je veille,
Trompé, je reste sans plaisir.
Ah! de tromper ainsi onc je n'eus le désir.

L'amour que vous porte mon âme,
Beau cavalier, charmant seigneur,
A la fois m'effraye et m'enflamme.
Combien grand serait mon malheur

Si celi que j'ai plus chera
Me tua ne sai por quoi.
Ma dauna, fe que dei bos
Ni peu cap santa Quitera,
Mon corasso m'avetz traito
E mout gen faulan furtado.

RAIMBAUT DE VAQUEIRAS.

Si la dame qui tient mon cœur
Me frappait avec barbarie.
Ah! par le chef de sainte Quitterie,
Mon cœur vous avez asservi.
Non, mais, pour dire vrai, vous me l'avez ravi.

RAIMBAUD DE VAQUEIRAS.

PASTORELLA

L'autre jorn per aventura
M'anava sols cavalcan,
Un sonet notan,
Trobei toza ben estan,
Simpl' e de bella faitura,
Sos aignels gardan.
E quant ilh m'auzi cantan,
Trais s'enan
E pren me pel fren e jura
Que tan mala no fi can;
E crida : Robi, no s n'an.

Toza, bella creatura,
Fi m'ieu, qual forfag tan gran
Vos ai fag si m can?
Il respos de mal talan;
Quar lei qu'era fin e pura
Apellest d'engan.
E Robi venc ab aitan
Menassan :
Mas quan me vi m'assegura
E dis que noi penrai dan,
Que trop n'ai eu pres ogan.

PASTORELLE

Un de ces jours, à l'aventure
Allant tout seul en chevauchant,
Fredonnant quelque vers touchant,
Je vis du bois sur le penchant
Fillette d'accorte tournure
Gardant ses agneaux; à mon chant
Elle s'en va, s'effarouchant,
Et dit prenant le frein : Je jure
Qu'il n'est chanteur plus mal sachant.
Viens, Robin, il m'a fait injure,
Viens donc châtier ce méchant.

Belle et charmante créature,
M'écriai-je : Vous fais-je tant
De mal et d'affront en chantant?
Mais, elle réplique à l'instant :
Je suis bergère sage et pure,
Et vous vous allez m'insultant.
Robin accourt tout haletant,
Mais, me voyant, il se rassure
Et dit : N'irai me tourmentant,
Car de chagrin bonne mesure
Je reçus d'elle tout cet an.

Quant illh vi que non a cura
Que m fassa re mal estan,
Illh s'en vai ploran,
E Robi dis sospiran :
Pauc val merces ni dreitura
Lai on poder an.
Per qu'ieu tenh à fol aman
Qui las blan :
Quar aitals es lor natura,
Que dels fallimens que fan
Volon que sufram l'afan.

Robi laissatz la rancura,
E queretz d'aissi enan
Tal que nous engan;
Et ieu amarai Duran,
Que m vol donar tal centura
Que val un bezan.
E vos no m donest un gan
D'aquest an,
Ni nous peza'l desmezura
D'est fals maldizen truan,
Per que m'anatz encolpan.

E Robi com follatura,
Qui que s'agues dic enan,
Vai s'umilian :
Mas illh no l'au per semblan,

Mais quand elle voit qu'il n'a cure
D. m'infliger un châtiment,
Elle s'en va tout tristement,
Et Robin dit piteusement :
Que servent loyauté, droiture,
Quand femmes ont commandement?
Bien fol est l'imprudent amant
Qui les flatte, car leur nature
Est de pécher impunément
En nous attribuant l'injure
Et la rigueur du châtiment.

Laisse là tristesse et murmure,
Robin, tu vas trop soupirant;
Cherche ailleurs amour différent.
Quant à moi, j'aimerai Durant,
Qui m'a promis belle ceinture
Valant un beau bezan courant,
Tandis que toi, de tout cet an,
Tu ne m'as donné, je t'assure,
Rien du tout; puis, indifférent,
Tu restes sans venger l'injure
De ce mauvais chanteur errant.

Et Robin, que l'amour torture,
Quoi qu'elle eût dit auparavant,
La supplie en humble servant,
Mais elle passe, le bravant.

Ans fug on plus l'esconjura.
E'l fol sec pregan.
Et ieu, que vauc remiran
Que faran,
Tenc aprop els l'ambladura ;
E pero no m cochei tan
Que no los trobes baizan.

E dissero m'en gaban,
Que m'en an
Querre merces e dreitura
A lei don menti cantan :
E que m'en lais ab aitan.

Et ieu, que ls vis abrassan
E baizan,
Prec dieu que m do l'aventura
Qu'ieu trob domna ses engan,
Ab qui fassa so qu'ilh fan.

GUI D'UISSEL.

Plus il prie et plus il conjure
Et plus il la presse souvent,
Plus elle fuit, mais résolvant
De voir finir cette aventure.
A l'amble, tout en les suivant,
Je les vis de sur ma monture
De baisers d'amour s'abreuvant.

Et de toute cette aventure
Je dirai, tout en me moquant :
Qu'ai-je à chercher bonté, droiture,
Chez celle de qui l'imposture
Mon chant dévoila quant et quant.

Moi qui les vis sous la verdure
Si tendrement se becquetant,
Je demande à Dieu l'aventure
De trouver femme sage et pure
Me permettant d'en faire autant.

GUY D'UISSEL.

ALBADA

En un vergier, sotz fuelha d'albespi
Tene la domna son amic costa si,
Trop la gayta crida que l'alba vi,
Oy Dieus! oy Dieus! de l'alba tant tost ve!

Plagues a Dieu ja la nueit non falhis,
Ni l mieus amics lenc de mi no s partis
Ni la gayta jour ni alba vis;
Oy Dieus! oy Dieus! de l'alba tan tost ve!

Bels dous amics, baizen nos ieu e vos
Aval els pratz on chanté ls auzellos
Tot o fassan en despieg d'el gilos,
Oy Dieus! oy Dieus! de l'alba tan tost ve!

Bels dous amics, fassan un joc novel,
Ins el jardin on chanton li auzel,
Trop la gaïta toque son caramel;
Oy Dieus! oy Dieus! de l'alba tan tost ve!

Per la doss' aura qu'es venguda de lay,
D'el mieu amics bel e cortes e gay,

AUBADE

Sous un berceau fleuri, la dame avec amour
Presse son doux ami sur son sein qui palpite.
De l'aube la vigie annonce le retour.
Hélas! mon Dieu, mon Dieu, que l'aube revient vite!

La nuit, la douce nuit ne devrait pas finir.
Quand elle disparaît mon tendre ami me quitte.
Sentinelle, pourquoi vois-tu venir le jour?
Hélas! mon Dieu, mon Dieu, que l'aube revient vite!

Sur le tapis des prés, doux ami, baisons-nous.
Le chant des oiselets à l'amour nous invite.
Aimons, soyons heureux en dépit des jaloux.
Hélas! mon Dieu, mon Dieu, que l'aube revient vite!

Mon ami, répétons ce jeu toujours nouveau.
Des oiseaux, en chantant, la troupe nous invite.
Déjà la sentinelle enfle son chalumeau.
Hélas! mon Dieu, mon Dieu, que l'aube revient vite!

Qu'il est beau mon ami, gai, courtois et galant!
Le doux zéphyr d'amour et m'enflamme et m'excite.

D'el sieu alen ai begut un dous ray;
Oy Dieus! oy Dieus! de l'alba tan tost ve!

La domna es agradens e plazens
Per sa beutat la gardou mantas gens,
E a son cor en amor leyalmen...
Oy Dieus! oy Dieus! de l'alba tan tost ve!

M.M." 7226, folio 383, 8°

J'ai bu de son haleine un doux rayon brûlant.
Hélas! mon Dieu, mon Dieu, que l'aube revient vite!

La dame est belle à voir, son regard est vainqueur.
Chacun vante bien haut sa beauté, son mérite.
Amour et loyauté palpitent dans son cœur.
Hélas! mon Dieu, mon Dieu, que l'aube revient vite!

M.M.ᵉˢ 7226, folio 383, 8°

BALADA

Coindeta sui, si cum n'ai gran cossire
Per mon marit, quar no'l voill ni l desire
Qu'ieu be us dirai per que soi isi drusa
    Coindeta sui.
Quar pauca soy joveneta e toza
    Coindeta sui.
E degr' aver marit don fos joyosa
Ab cui tost temps, poguès jogar e rire
    Coindeta sui.

  Ia, Deus mi sal, si ja sui amorosa
    Coindeta sui.
De lui amor mia sui cobitosa
    Coindeta sui.
Ans, quan lo vei, ne soi tan vergognosa
Qu'en prec la mort, qu'el vengat tot occire,
    Coindeta sui.

  Mais d'una ren m'en sui ben acordada
    Coindeta sui.
S'el men amic m'a s'amor emendada
    Coindeta sui.

BALLADE

Gentille suis, pourtant quelle cruelle peine
Me vient de mon mari; je le hais, je le fuis.
Aussi je vous dirai comment et pourquoi j'aime.
Gentille suis,
Parce que jeune, tendre et mignonne fillette,
Gentille suis.
Ah! je devrais avoir pour charmer mes ennuis
Un époux qui toujours rît et contât fleurette.
Gentille suis.

D'un autre, hélas! mon Dieu, je me sens amoureuse.
Gentille suis.
Aussi de lui jamais ne serai désireuse.
Gentille suis.
Et quand je l'aperçois je me sens si honteuse,
Que d'un désir de mort partout je le poursuis.
Gentille suis.

Le même souvenir me poursuit et m'oppresse.
Gentille suis.
Depuis que mon ami m'a donné sa tendresse,
Gentille suis.

Ve'l ben esper à cui me sui donada
Planc e sospir, quar no l vei ni l remire
Coindeta sui.

En aquest son fas coindeta balada
Coindeta sui.
E preg a tut que sia loing cantada
Coindeta sui.
E que la chant tota domna ensenhada
Del meu amic qu'eu tau am e desire
Coindeta sui.

E dirai vos so que sui acordada
Coindeta sui.
Qu'el meu amic m'a longamen amada
Coindeta sui.
Ar li sera m'amor abandonada
E'l ben esper que tau am e desire
Coindeta sui.

ANONYME. M.M.ᵉˢ RICARDI et VERT, 3206.

Je me livre aux soupirs, aux pleurs, à la tristesse,
Et loin de lui toujours je pleure et je gémis.
      Gentille suis.

Et sur cet air je fis cette ballade tendre.
      Gentille suis.
Allez tous, je vous prie, au loin la faire entendre.
      Gentille suis.
Dames, chantez cet air, et puissiez-vous me rendre
L'amant que je perdis et qu'aimer seul je puis.
      Gentille suis.

Oh! je vous dirai bien ce que mon cœur désire.
      Gentille suis.
Longtemps je fus l'objet d'un amoureux délire.
      Gentille suis.
Oui, j'aimerai celui pour qui mon cœur soupire.
Oh! réalise-toi, bel espoir qui me luis.
      Gentille suis.

Anonyme. M.M.ˢˢ RICARDI et VERT, 3206

PROVERBES PATOIS

PROVERBES MORAUX

Dins guirbo pleno, forso mesclo.
Quicon y a quant lous cos japou.
Fays sur fays catcho l'ays.
Parlo papié, tayso barbo.
Qui trop fadejo paouc batexo.
Cado poulo viou de sa gratado.
Qui a terro a guerro.
Qui a terro a cel.
Qui se paouso degourdit travaillo rafit.
Per uno nouzé de trop creverou un aze.
Qui a boun bezi a boun mati.
Qui coupo la flou coupo la grano.
Qui pert so seou pert soun sens.
Qual doundo laouro pas.
Cal pas que lou toupi se truffé de l'oulo.
Qui soul se couseillo, soul se repen.
Qui mal nou fa, mal nou penso.
Qui petasso, soun tens passo.
Qui prumié enfourno, darnié tray.
Qui ten, fa de dous.
Qui noun y es, noun hérito.

SENTENCIEUX PHILOSOPHIQUES

Dans panier plein, beaucoup de mélange.

Il y a toujours quelque chose quand les chiens aboyent.

Faix sur faix presse l'essieux.

Quand le papier parle, que la barbe se taise.

Qui trop batifole baptise peu.

Chaque poule vit de sa grattée.

Qui a terre a guerre.

Qui a terre a ciel.

Qui se repose alerte travaille harassé.

Avec une noix de trop un âne fut crevé.

Qui a bon voisin a bon réveil.

En coupant la fleur on coupe la graine.

Qui perd son bien perd sa raison.

Qui dompte ne laboure pas.

Il ne faut pas que le pot se moque de la marmite.

Qui seul se conseille, seul se repent.

Qui ne fait pas de mal ne pense pas à mal.

Qui raccommode, passe son temps.

Qui met son pain au four le premier, le retire le dernier.

Qui tient a double force.

L'absent n'hérite pas.

Qui se fatcho, pago tout.

Qui a mestié a denié.

Qui biro l'aste, re noun tasto.

Qui se méfiso, mélisat es.

Qui trop s'arrétis, péto.

Qui trop bézio, re n'a.

Cal pas se grata per se fa prusi.

Bal may gens qu'argen.

Bal may proufit que glorio.

Bal may tira qu'escupi.

Bal may cent *abaliscos* qu'un *pécayré!*

Bal may un pé que dos escassos.

Bal may sé cala que counta.

Cado fagot trobo sa lio al bosc.

Tal cerco la fédo que trobo lou loup.

Tal creï guilla Guillot que Guillot lou guillo.

La plejo toumbo toujoun su's bagnats.

Lou pa dur ten l'oustal sigur.

Lou loup manjo las fédos countados.

La poou gardo la vigno.

L'argen a la cugo lisso.

Lou papié es un boun azé.

L'oli et la vertat surnadou toujoun.

La cato fa pas toujoun miaou.

Lait en bourasso, poulit en plasso.

Las proumessos tenou lous fats en joyo.

Lou ritché deou pas essé chitché.

Lou manobro a part à l'obro.

Qui se fâche paye tout.

Qui a un métier a de l'argent.

Qui tourne la broche ne goûte pas le rôti.

On se méfie du méfiant.

Qui trop se gonfle, éclate.

Qui trop envie n'a rien.

Il ne faut pas se gratter pour se faire démanger.

Vaut mieux gens qu'argent.

Vaut mieux profit que gloire.

Vaut mieux mâcher que cracher.

Vaut mieux cent *Dieu vous bénisse* qu'un *hélas!*

Vaut mieux un pied que deux échasses.

Il vaut mieux se taire que conter.

Chaque fagot trouve son lien au bois.

Tel cherche la brebis qui trouve le loup.

Tel se moque de Guillot qui est moqué par lui.

La pluie tombe toujours sur les mouillés.

Le pain dur fait solide maison.

Le loup mange les brebis comptées.

La peur garde la vigne.

L'argent a la queue glissante.

Le papier est un bon âne.

L'huile et la vérité surnagent toujours.

La chatte ne miaule pas toujours.

Laid enfant, joli adolescent.

Les promesses tiennent les fous en joie.

Le riche ne doit pas être avare.

Le manœuvre a part à l'œuvre.

Lou trop jurat es pas crégut.
Lou sinné val lou cop.
Lou douna es un fals vendré.
Lou parla clar, Diou lou mando.
Las lagremos sou pas d'or.
Azé coumu toujoun mal bastat.
Aprep la festo, lou fat resto.
Al foun d'al sac sou las curaillos.
A fat y cal un fol.
A boun faouré barroul de boués.
Bramo d'azé monto pas al cel.
Bezé veni val uno quillo.
Bestio maldito, lou pel y luzis.
Broco e broco foou fagot.
Co que japo mourdis pas.
So que Diou trempo, Diou bo séquo.
Cent ans pintré, cent ans gus.
So qu'es négré camayo.
A nou, y a pas de respounso.
A pot que boulis mousco nou s'attrapo.
A mal de cor, oli de souquo.
Aygo passado fa pas morre mouli.
Cap de bouyssou nay pas sans pouncho.
So que piouzé sap, qual bo sap.
So qu'els non vézou cor nou dol.
Douna es un feignant.
De magré pel, ispré mourdissal.
De qui es la terro siogo la guerro.

Il ne faut pas trop jurer pour être cru.

La menace vaut le coup.

Donner est une fausse vente.

Le clair langage est un don de Dieu.

Les larmes ne sont pas d'or.

Ane en commun, toujours mal bâté.

Après le festin, reste le fou qui l'a donné.

Au fond du sac sont les purges.

A un évaporé il faut un fou.

Bon forgeron, verrou de bois.

Cri d'âne ne monte pas au ciel.

Voir venir vaut un point.

A bête maudite le poil luit.

Branche et branche font fagot.

Chien qui aboie ne mord pas.

Dieu sèche ce qu'il trempe.

Cent ans peintre, cent ans gueux.

Ce qui est noir noircit.

A non, pas de réponse.

A pot qui bout mouche ne s'arrête.

A mal de cœur, huile de souche.

Eau passée ne fait pas moudre moulin.

Aucun buisson ne naît sans épine.

Qui sait ce que puce sait.

Le cœur ne souffre pas de ce que ne voient les yeux.

Donner est un fainéant.

De triste bête, mauvaise morsure.

Que celui qui a la terre ait la guerre.

De trop cambia on n'a que godos.

D'essé trop bou on es l'azé de péno.

Efans nayssén, efans devenén.

Efan nascut, Diou l'a pascut.

Es pla parat ço que Diou paro.

Fat quant nays guéris pas.

Mel de bouco, fel en cor.

May toco car que camiso.

Muraillo blanco, papié de fat.

Miral déforo, fens dédins.

Mati en fieyro, tart en guerro.

Bouci pla partajat fa pas tort à digus.

Marchant que prégo vén pas.

Presta gasto, louga entretén.

Pijouns sadouls, vessos amaros.

Patienso, médécino d'as paourés.

Patienso laysset brulla soun oustal.

Pla follo es la fédo que sé coufesso al loup.

Peyro tratcho, lou diabl' agatcho.

Penso mal, adevinaras.

Paouro vento porto soun.

Pa estranjé es coumpanajé.

Lou mati es d'alanti.

A gens d'estat, sé nou ploou rouzino.

Touto peyro fa cantou.

Tan tiro laouret coumo faoubet.

D'oùn que vengo, mais que vengo.

Lou pus fi tart o d'ouro s'afino.

Plus on change, plus on se trompe.

Quand on est trop bon on est pris pour bête de somme.

Nous naissons et nous redevenons enfants.

Enfant né, Dieu le nourrira.

Est bien gardé ce que Dieu garde.

Fou de naissance ne guérit pas.

Miel sur la bouche, fiel dans le cœur.

La peau est plus sensible que la chemise.

Muraille blanchie, papier de fou.

Miroir au dehors, ordure au dedans.

Matin à la foire, tard à la guerre.

Morceau bien partagé ne fait mal à personne.

Marchand qui prie ne vend pas.

Prêter use, louer entretient.

A pigeons repus les vesces paraissent amères.

Patience, médecin des pauvres.

Patience laissa brûler sa maison.

Bien folle est la brebis qui se confesse au loup.

Pierre lancée, le diable regarde.

Cave au pire, tu devineras.

Petite vente endort.

Pain étranger paraît meilleur.

Le vrai matin est de se dépêcher.

Chez les gens de métier, s'il ne pleut pas il bruine.

Toute pierre peut faire angle.

Autant tire le bœuf de droite que le bœuf de gauche.

D'où que ce soit, pourvu que ça vienne.

Le plus fin finit par être pris.

Magro cousino, soulid' oustal.

A cado madaysso cal uno senteno.

A cado payssicyro cal un escampadou.

La vido es uno souleillado.

Cal venta d'al ven que tiro.

Balajo novo fa poulit oustal.

Lou miliou amic es la bourso.

Cal pas quita tout per fa pas res.

Qui fa pinquet fa lounguet.

Qui trop estroupo, estouffo.

Plangé es pas guéri.

Val may senti à azé qu'à terro.

D'al miliou mos qu'al fa pinquet.

Qui a forso mestres a souven mestrous.

Val may paga faouré que faourillou.

Fa bou sabé pas res, on espéro toujoun.

Un plazé né val un aoutré.

Y a porrés et porrés.

May on boulégo la m..., may put.

Es pas fil de Diou qui pano pas l'estiou.

La plumo tiro l'aouzel d'al niou.

Quant ven la glorio s'en va la mémorio.

Quinzé mestiés, quatorzé malhurs.

Vi escampat val pas boun' aygo.

Tart crido l'aouset quant es al lacet.

Tres cops son lutcho.

Sarro breu, escampo farino.

S'en truffo qui s'en passo.

Maigre cuisine, solide maison.

A chaque écheveau il faut un soutien.

A chaque barrage il faut une fuite.

La vie est un moment de soleil.

Il faut vanner avec le vent qui souffle.

Balai neuf fait jolie maison.

Le meilleur ami est la bourse.

Ne quittez pas tout pour ne rien faire.

Qui va doucement va loin.

Qui trop enveloppe, étouffe.

Plaindre n'est pas guérir.

Il vaut mieux sentir à âne qu'à terre.

Il faut ménager un bon morceau.

Qui a beaucoup de maîtres a souvent de petits maîtres.

Il vaut mieux payer maître qu'apprenti.

Heureux ceux qui ignorent, ils espèrent toujours.

Un service appelle un service.

Il y a porreaux et porreaux.

Plus on remue la m..., plus elle sent mauvais.

Tout enfant de Dieu vole l'été.

La plume fait sortir l'oiseau du nid.

La mémoire s'en va quand arrive la prospérité.

Quinze métiers, quatorze malheurs.

Vin répandu ne vaut pas bonne eau.

Trop tard crie l'oiseau quand il est pris.

Trois coups comblent la mesure.

On économise parfois du son pour prodiguer la farine.

S'en moque qui peut s'en passer.

Per abé boun' aygo, cal ana à bouno foun.

Per manja lébré cal senti loufo de gous.

N'es pas trop tart quan Diou adujo.

Noublesso sans argen, lun sans oli.

Y a pas de piros trufos que las vertadieyros.

Miliou jujo qui vei que qui crei.

May on caousis, may on s'engano.

A gourgo vantado y a pas de peys.

La m... d'al nostre drollé put pas.

Qui s'approtcho trop d'al fioc sé rumo.

Qui sé fa agnel, lou loup lou manjo.

Qui à baylet se fiso, baylet tournara.

Qui vol roussi sans si cal qu'angu' à pé.

Qui vol pas sélo, Diou y douno bast.

Cal passa su'l poun ou pell' aygo.

Cal pas se despouilla avan d'ana al lietch.

Qual oublijo coummuno oublijo diguno.

Cal pas voulé p... pus naout que soun q...

Cal que lou sens vengo à soun temps.

Cal layssa passa l'aygo que vous toco pas.

Cal que cado poulo cougué sous ïoous.

Bal may amics en plasso qu'argen en bourso.

Bal may un amic que cent parens.

Bal may suza que trembla.

Bal may souffri de l'azé que lou tuya.

Bal may viouré en embéjo qu'en piétat.

Bal may un que sap que cent que cercou.

Bal may un pan de bouïs qu'uno cano de carbeno.

Pour avoir bonne eau, allez à bonne fontaine.

Pour manger du lièvre il faut sentir vesse de chien.

Il n'est jamais trop tard quand Dieu aide.

Noblesse sans argent, lampe sans huile.

Les plus cruelles moqueries sont les vraies.

Mieux juge qui voit que qui croit.

Plus on choisit, plus on se trompe.

A bief vanté, pas de poisson.

La m... de notre enfant ne sent pas mauvais.

Qui s'approche trop du feu se roussit.

Si tu te fais agneau le loup te mangera.

Qui se confie à valet, valet deviendra.

Qui veut cheval sans défaut doit aller à pied.

A qui ne veut pas selle, Dieu donne bât.

Il faut passer sur le pont ou dans l'eau.

Il ne faut pas se déshabiller avant d'aller au lit.

Qui oblige communauté n'oblige personne.

Il ne faut pas vouloir péter plus haut que son c...

Il faut que la raison vienne en son temps.

Laissez passer l'eau qui ne vous atteint pas.

Chaque poule doit couver ses œufs.

Vaut mieux amis en place qu'argent en bourse.

Vaut mieux un ami que cent parents.

Vaut mieux suer que grelotter.

Vaut mieux souffrir de l'âne que le tuer.

Vaut mieux vivre envié que plaint.

Vaut mieux un qui sait que cent qui cherchent.

Vaut mieux un pan de buis qu'une canne de roseau.

Bal may esse aouzéls de camps qu'aouzéls de gabio.

Quant la néou séra foundudo veyrén la terro.

Quant on es pastré on vol essé baylet.

Quant on es faoutif on sé pren à cado pic.

Quant lou rastélié es bétche, lous azés sé batou.

Quant un azé es magré, toutos las mouscos lou fissou.

Entré jardiniés on se réfuso pas un rafé.

Per cado mestré nouvél cado truc es un castél.

Laido fachouyro fa càlqué cop poulit froumatgé.

Cado fat a soun sens, et seloun que n'a ne despen.

Lou pa se jalo dins lou four d'al paouré.

L'espérénso es lou pa de l'indigénso.

L'homé es dé fioc per tout ço que y nol.

Lous bergougnousés dinou pas dous cops.

Al loup val may fugi que s'atourna.

A forso de piqua l'esclop on lou traouco.

Las mas salos foou manja lou pa blanc.

So qu'on douno flouris, so qu'on gardo pouyris.

D'al temps qué lou co p... la lébré fugis.

Es pas lou que curbis que qualqué cop ségo.

Es pas à fil de guito que cal apren' à nada.

Es pas pourquié qui sous porcs paro.

Ount y a pa et vi lou Rey pot véni.

On sé truco toujoun al det malaout.

Mirgo qu'a pas qu'un traouc es leou préso.

Se toun harnés va pla, faras rego dretcho.

Quant lou garric toumbo, la leouno séco.

Propré o nou, tout engraysso lou tessou.

Vaut mieux être oiseau des champs qu'oiseau de cage.

Quand la neige sera fondue nous verrons la terre.

Quand on est berger on veut être valet.

Quand on est coupable on se prend à chaque aspérité.

Quand le râtelier est vide, les ânes se battent.

Quand un âne est maigre, toutes les mouches le piquent.

Entre jardiniers on ne se refuse pas un radis.

Pour un maître nouveau, une chaumière est un château.

Laid moule fait quelquefois joli fromage.

Chaque fou a sa raison et en dépense selon qu'il en a.

Le pain se gèle dans le four du pauvre.

L'espérance est le pain de l'indigence.

L'homme est de feu pour tout ce qui lui est nuisible.

Les timides ne dînent pas deux fois.

Il vaut mieux fuir devant le loup que se défendre.

A force de radouber le sabot on le troue.

Les mains sales font manger le pain blanc.

Ce qu'on donne fleurit, ce qu'on garde pourrit.

Pendant que le chien p... le lièvre fuit.

Ce n'est pas toujours celui qui a semé qui moissonne.

Ce n'est pas à fils de canard qu'il faut apprendre à nager.

Qui garde ses porcs n'est pas pour cela porcher.

Où il y a pain et vin le Roi peut venir.

On se touche toujours au doigt malade.

Souris qui n'a qu'un trou est bientôt prise.

Si ton harnais va bien, tu laboureras droit.

Quand le chêne tombe, le lierre se dessèche.

Propre ou non, tout engraisse le porc.

Tal quito la perlie per trapa la kouzo.

Quant lou bioou fouguet gras s'espallet.

Per coumpagno las aoucos sé bagnou.

Gous pigré rouzeguét pas jamay boun os.

Y a un temps pell' azé et un temps pell' moulinié.

Y a pas dé pus hurous que lou que s'en trobo.

Fay coumo la fourmic, mét toun gro à l'abrie.

Es ritché qui pot, hurous qui sap, satgé qui vol.

De cavalo reguinnal à chaval fa pas pla mal.

Qui sé lévo à miechjoun dourmis pas toujoun.

Qui a car et pa pot attendr' à douma.

Qui sé lévo mati manquo pas jamay l'esperti.

Médéci pietadous fa la plago vénénouso.

Joubés médécis, cimentéris boussuts.

As de salvio dins toun hort et sios mort!

Lou mal ven al galop et s'en tourno al pas.

Manjo paouc et ten-te caout.

Lou coutcha dé la poulo et lou léva dal gorp éloignou
   l'homé dé la mort.

Quant lou malaout stidourno, lou médéci s'en tourno.

Entré aouzels et moussayrous, quant lous trouvaras,
   pren-lous.

Quant d'al mal voudras t'abrita, méfiso-té d'el gous
   que mourdis sans japa.

Quant la crabo saouto dins l'ort, sé lou crabit la
   sieq n'a pas tort.

Quant lou payré douno al fil, ris lou payré, ris lou
   fil; quant lou fil douno al payré, plouro lou fil,

Tel quitte la perdrix pour prendre l'alouette.

Quand le bœuf fut gras, il se démit l'épaule.

Par compagnie les oies se baignent.

Chien paresseux ne ronge jamais bon os.

Il y a un temps pour l'âne et un temps pour le meunier.

Le plus heureux est celui qui croit l'être.

Fais comme la fourmi, mets ton grain à l'abri.

Est riche qui peut, heureux qui sait, sage qui veut.

Ruade de jument à cheval ne fit jamais grand mal.

Qui se lève à midi ne dort pas toujours.

Qui a viande et pain peut attendre à demain.

Qui se lève bon matin ne manque jamais le déjeuner.

Médecin trop sensible rend la plaie venimeuse.

Jeunes médecins, cimetières bossus.

Tu as de la sauge dans ton jardin et tu es mort !

Le mal vient au galop et s'en retourne au pas.

Mange peu et tiens-toi chaud.

Le coucher de la poule et le lever du corbeau
éloignent l'homme de la mort.

Quand le malade éternue, le médecin s'en retourne.

Oiseaux et mousserons, quand tu les trouveras, prends-
les.

Quand tu voudras éviter le mal, méfie-toi du chien
qui mord sans aboyer.

Quand la chèvre saute dans l'enclos, le chevreau qui
la suit n'a pas tort.

Quand le père donne au fils, le père et le fils rient ;
quand le fils donne au père, le père et le fils

plouro lou payre.

Un payre nouyris cent efans et cent efans nouyrissou
pas un payre.

Lous bioous se prenou per las cornos et lous homes
per la paraoulo.

Cal pas bateja avan de naysse.

Jamay lou loup fouguét pas co de parqué.

Qual tiro un pél d'un aze, es pas jamay ta bourrut.

Entre marchands et porcs, on sa pas ço que sou
que quan sou morts.

Qual se grato oun se prus fa pas tort à digus.

Qual dereveillo lou co que dort, se lou mourdis n'a
pas tort.

Qual quito pas soun coudérc, se re nou gagno, re
nou pert.

Qual escouto darré las parets enten soun tort amay
soun drétch.

Qual prégo Dioou ser e mati es sigur de jamay pâti.

Qual vol ésse ritche dins un an, dins siéis meses sera
penjat.

Qual travaillo manjo la paillo, qual fa pa re manjo
lou fe.

Qual vol la coquo amay l'ardit es trop coubes et
trop ardit.

Qual a pas de boués al fioc n'a qualquecop sur
las esquinos.

Qual vol maynajéja sa pentche cargo pas cado joun
la vesto d'al dimenge.

pleurent.

Un père nourrit cent enfants et cent enfants ne
nourrissent pas un père.

On prend les bœufs par les cornes et les hommes
par la parole.

Ne baptisez pas l'enfant avant qu'il ne soit né.

Jamais loup ne fut bon chien de berger.

Arrachez un poil à un âne, il ne sera jamais aussi
velu.

Marchands et porcs ne peuvent être bien jugés que
quand ils sont morts.

Qui se gratte où il se démange ne fait tort à personne.

Si vous réveillez le chien qui dort et qu'il vous
morde, il n'a pas tort.

Qui ne quitte pas les alentours de sa demeure, s'il
ne gagne pas, ne perd pas.

Qui écoute derrière les murailles entend son éloge
et son blâme.

Qui prie Dieu soir et matin ne sera jamais malheureux.

Qui veut être riche dans un an sera perdu dans six mois.

Qui travaille mange la paille, qui ne fait rien mange
le foin.

Qui veut le gâteau et le sou est trop envieux et
trop hardi.

Celui qui n'a pas de bois au feu en a quelquefois
sur les épaules.

Qui veut ménager sa garde-robe ne met pas tous
les jours ses habits du dimanche.

Qual fa sous affas per proucurur va à l'espital en persouno.

Qual mét soun argen en abeillos risquo fort de se grata las aoureillos.

Cal sabe pérdre uno camiso per gagna un lensol.

Cal pas espandi lous pés may que nou duro la flessado.

Cal pas se trufa d'al gous avan d'ave passado la borio.

Es pas may téms de barra l'estable quant lou pouli a escapat.

Cal pas ana quérre amic per sou qu'on pot atenje ame la ma.

Cado patarino aymo soun patari aoutan que la réyno lou douphi.

La legno seco, lou pa caout ténou l'oustal regaout.

Lou que vol manja de mél déou pas ave poou d'as fissous.

Lou raynard qu'es pas matinous a pas lou mourre plumous.

La fourtuno va pas à aquel que la sérco, mais al que la trovo.

Lou paysan es pas nigaout, a pas de groussié que l'argaou.

Lou que vol se calfa lou quer déou garda sa legno pel l'hiver.

Loup, rioou et gran cami, de trés pas un boun vezi.

Al cap de cent ans la baco tourno brama à l'estable.

Qui fait ses affaires par procureur va à l'hôpital en personne.

Qui met son argent en abeilles risque fort de se gratter les oreilles.

Il faut savoir perdre une chemise pour gagner un drap.

Il ne faut pas allonger les pieds au-delà de la couverture.

Il ne faut pas se moquer du chien avant d'avoir dépassé la ferme.

Il n'est plus temps de fermer l'écurie quand le cheval a échappé.

N'allez pas chercher ami pour ce que vous pouvez atteindre avec la main.

Chaque misérable aime son enfant autant que la reine le dauphin.

Le bois sec, le pain chaud tiennent la maison en gaîté.

Celui qui veut manger du miel ne doit pas avoir peur des piqûres.

Le renard qui n'est pas matineux n'a pas le museau emplumé.

La fortune ne va pas à celui qui la cherche, mais à celui qui la trouve.

Le paysan n'est pas nigaud, il n'a de grossier que le langage.

Celui qui veut chauffer sa peau doit garder son bois pour l'hiver.

Loup, ruisseau, grand chemin, de trois pas un bon voisin.

Au bout de cent ans la vache revient beugler à l'étable.

Fedo, per tant que siogos menudo, sios pla siguro
d'ésse toundudo.

Lou pa nous arrivo qualquecop quant las dens nous
toumbou.

On vous ven qualquecop bufa dins l'él quant vous
oou crevado la prunélo.

Baylet que respécto soun méstre sera toujoun oun
vouldra éstre.

Boun avoucat, missant vezi; bouno térro, missant
cami.

Qualquecop dins pitiou bartas grosso lébre fa soun jas.

Ço qu'es mal estremat es pel gous o pel cat.

Cantayre, pescayre, jougayre et tout ço que finis en
ayre val pas gayre.

Sept jougayres, sept pescayres, sept cassayres, vint-
et-un couquis.

Cat miaounayre es pas gran cassayre, ni saje home
gran parlayre.

Countes pas su'ls ioous que sou joust la clouco.

Dous aouzéls sur un mem' espic demorou pas loun-
téms amics.

Acos lou mens quo Bartho bego se lou barial es
seou.

Jouga, paria, presta d'argen foou d'amistat escartomen.

Or, vi et servitou, lou pus viel es lou miliou.

Quant on planto de tout plan, on vendémio cad' an.

Pla mal sap lou ritchart ço que sén lou transit.

Se as boun vezinat, toun oustal sera pla gardat.

Brebis, pour tant que tu sois menue, tu es certaine d'être tondue.

Le pain nous arrive quelquefois quand les dents nous tombent.

On vient quelquefois vous souffler dans l'œil quand on vous a crevé la prunelle.

Valet qui respecte son maître aura toujours la place qu'il voudra.

Bon avocat, mauvais voisin; bonne terre, mauvais chemin.

Quelquefois sous petit buisson gros lièvre a son gîte.

Ce qui est mal caché est pour le chien ou le chat.

Chanteur, pêcheur, joueur et tout ce qui leur ressemble ne vaut guère.

Sept joueurs, sept pêcheurs, sept chasseurs, vingt-et-un coquins.

Chat miauleur n'est pas grand chasseur, ni homme sage grand parleur.

Ne comptez pas les œufs qui sont sous la glousse.

Deux oiseaux sur un même épi ne restent pas long-temps amis.

C'est le moins que Barthe boive si la fontaine lui appartient.

Jouer, parier, prêter éloignent l'amitié.

Or, vin et serviteur, le plus vieux est le meilleur.

Quand on plante de tout plant, on vendange chaque an.

Le riche sait fort mal ce que souffre le misérable.

Si tu as un bon voisin, ta maison sera bien gardée.

Se bos que suffrigue toun bioou dins moun prat, digos
   pas res à ma vaco quant pays dins toun balat.

On sentis toujoun de qu'un coustat l'espino déou pounja.

Tan rollo Pataou, que dins lou fangas s'enclaou.

Te fizes pas à las aygos mortos, sou las pus fortos.

Tal vous sarro la ma que la vous vouldrio véze seco.

Tout ço que se fa de mal dins la borio, lou pastre
   n'a la glorio.

Ta pla l'hiver coumo l'estiou las bugadiéyros voou al riou.

Uno pitiounio mousco fa qualquecop péta un gros aze.

Vigno plantado, oustal mountat, qual sap ço qu'oou
   coustat.

Un bel joun ne fa doublida cent de missants.

Y a pas qu'aquel que fa pas res que se troumpe
   pas.

Res de pus bél que ço qu'agrado.

N'y a que y vezou miliou en eluguen que d'aoutres
   en regassen.

Val may prendre l'aousél en bouzolo que quant volo.

Veze fa, sabe fa, voule fa et poude pas fa es un
   foutut affa.

Fenno d'hoste que fialo, medeci que se mirailho,
   noutari que sap pas lou joun dal mes, val pas rés
   per toutes trés.

Dominus vobiscum es pas jamay mort de fan, et *cum
   spiritu tuo* fasio coumo poudio.

De missant pagadou cal prene la paillo amay la flou.

De ço qu'on sap pas se fario un pla gros libre.

Si tu veux que je supporte ton bœuf dans mon pré,
ne dis rien à ma vache quand elle paît dans ton fossé.

On devine toujours de quel côté l'épine doit piquer.

A force de tourner, Pataud tombe dans le bourbier.

Ne te fie pas aux eaux mortes, ce sont les plus fortes.

Tel vous serre la main qui voudrait vous la voir desséchée.

Tout ce qui se fait de mal dans la ferme, le pâtre
en est accusé.

L'hiver, comme l'été, les laveuses vont à l'eau.

Une petite mouche fait quelquefois p... un gros âne.

Vigne plantée, maison montée, qui sait ce qu'elles
ont coûté.

Un beau jour en fait oublier cent de mauvais.

Il n'y a que celui qui ne fait rien qui ne se trompe
pas.

Rien n'est plus beau que ce qui plaît.

Certains y voient mieux en fermant les yeux que
d'autres en les ouvrant.

Il vaut mieux prendre l'oiseau au nid qu'au vol.

Voir faire, savoir faire, vouloir faire et ne pouvoir
faire est une f.... affaire.

Femme d'aubergiste qui file, médecin qui se regarde
au miroir, notaire qui ne sait pas le quantième
du mois, mauvais pour tous les trois.

Dominus vobiscum ne meurt jamais de faim, et *cum
spiritu tuo* s'en tire comme il peut.

De mauvais payeur, prenez paille et fleur.

On ferait un bien gros livre avec ce qu'on ignore.

Dous brasses et la santat, ritchesso de la paouretat.

Souven al castél on languis, quant dins la cabano on ris.

Qual a cinq soous es agatchat per cinq soous, qual n'a pas res es agatchat per res.

Brutch de canaillo, fioc de paillo, trot de bourrico duraroou paouc o brico.

Uno lébre dins un restoul es pas un dinna prèst.

Qui prumié pago, darnié foy.

Qui a safro, safrono.

Qui s'escouto, paraoulos estalbio.

Qui va à la fiéyro sans y avc res à fa, s'attrappo un réguinnal d'éguo, y esto pla.

Cal pas aparia l'aste avant que la lébre nou siogo preso.

Aygos dourmentos, aygos pudentos.

Ount un proucurur pays pas, l'herbo es pla courto.

Al arriva, poutous; al parti, cops de bastous.

Ount es la cabillo, lou cambajou manquo.

Ambe tou frayre manjo et beou, mais fay te paga se te déou.

Quant un malhur déou nous arriva, y anan tout drétch à l'endavan.

Lou cor se breso quant on véy fa lous aoutres.

Lou pu fi es pas toujoun lou qu'on créy.

Deux bras et la santé sont la richesse de la pauvreté.

On rit souvent dans la chaumière, quand on pleure dans le château.

Qui a cinq sous est considéré pour cinq sous, qui n'a rien est considéré pour rien.

Dispute entre coquins, feu de paille, trot de bourrique durent peu ou pas du tout.

Lièvre dans un champ n'est pas dîner prêt à être mangé.

Celui qui paye d'avance est servi le dernier.

Qui a du safran s'en sert.

Qui s'écoute épargne beaucoup de paroles.

Qui va à la foire sans avoir rien à y faire, n'a rien à dire s'il attrappe une ruade.

Il ne faut pas mettre la broche avant d'avoir pris le lièvre.

Eaux dormantes, eaux sales.

Où un procureur ne paît pas, l'herbe est bien courte.

En arrivant, des baisers; en partant, des coups.

Où est la cheville, manque le jambon.

Mange et bois avec ton frère, mais fais-toi payer s'il te doit.

Quand un malheur doit nous arriver, nous allons tout droit au-devant.

Le cœur se brise en voyant faire les autres.

Le plus malin n'est pas toujours celui qu'on croit.

PROVERBES SUR

Per estaca lou cor, cal pas qu'un fial de Jano.

Entre amour et fasti, sap pas oun se met.

Qui jéto peyretos, jéto amourettos.

Jamay amourous créntous n'ajét belo amigo.

Loungos amours, loungos doulous.

Fillo que fadejo, mirgo que trastejo, pel galan, pel
cat faroou léou un plat.

Fillo sans glorio, pagés sans borio.

S'es amistouso, uno fillo es toujoun poulido.

Fillo paouc visto es de requisto.

Touto fillo deou ésse glouriouso d'ésse sajo amay
amistouso.

Angelus sounados, fillos retirados; angelus finidos,
fillos endourmidos.

A la prumiéro estélo levado, fillo deou ésse retirado.

Quant fillo sajo es deforo res blaco pas dins la
demoro.

Entre fillo et capéla, cap das dous sap pas oun manjara
soun pa.

Las fillos plourou souven lou rire d'arunan.

Fillo que ris plourara léou.

L'AMOUR, LE MARIAGE

Pour attacher le cœur, il ne faut qu'un fil de laine.

L'amour et le dégoût sont aveugles.

Qui jette petites pierres, jette amourettes.

Jamais timide amoureux n'eut belle amie.

Longues amours, longues douleurs.

Fille qui batifole, souris qui court sur les toits, pour le galant, pour le chat bientôt feront un plat.

Fille sans vanité, fermier sans ferme.

Fille gracieuse est toujours jolie.

Fille peu vue sera recherchée.

Toute fille doit être glorieuse d'être sage en même temps que gracieuse.

Angelus sonné, filles couchées; angelus fini, filles endormies.

A la première étoile parue, fille doit être rentrée.

Quand fille sage sort, rien n'est à faire dans la maison.

Fille et curé ne savent pas où ils mangeront leur pain.

Les filles pleurent souvent le rire de l'an passé.

Fille qui rit trop pleurera bientôt.

Drollo gayo me play be, mais que me siogue pas
de re.

Fillo troutiéyro et fenestriéyro, raromen bouno me-
nagéyro.

Fillo qu'es pas ruzado es estado mal counfourmado.

Fillo d'hoste, figo de cantou, puleou maduros que de
sazou.

Fillo poulido porto la britiéyro su'l froun.

Quant y a dos fennos dins un oustal, ne cadrio pla
uno en pintruro.

Quant y a dos fennos dins un oustal, lou diables y
a de trabal; quant n'y a trés, y pot pas res.

Dins un oustal, uno fillo, prou fillos; dos fillos, trop
de fillos; trés fillos et la mayre, quatre diables
countro lou payre.

Entre fenno et clouquié, prou am' uno dins cado
quartié.

Fenno fougassiéyro, fillo risouliéyro, vigno pedo cami,
raromen foou bouno fi.

Siogo damo o demoysélo, a toujoun piouze joust l'aysélo.

Mulo que fa cui, fenno que parlo lati, te fizes pas aqui.

Fenno sap tout et sap pas res.

Fenno se planh, fenno se dol, fenno es malaouto
quant bo vol.

Las fennos et lous efans sou coumo lous homes lous
fan.

Plours de fennos sou leou essuts.

Qual fenno et saoumo meno es pas sans peno.

Fille gaie me plaît bien, pourvu qu'elle me soit étrangère.

Fille coureuse ou souvent à la fenêtre, rarement bonne ménagère.

Fille qui n'est pas rusée est mal conformée.

Fille d'aubergiste, figue exposée à l'abri mûrissent plutôt que de coutume.

Jolie fille porte sa dot sur le front.

Quand il y a deux femmes dans une maison, il en faudrait bien une en peinture.

Quand il y a deux femmes dans une maison, le diable a fort à faire; quand il y en a trois, il n'y peut rien.

Dans une maison, une fille, assez de filles; deux filles, trop de filles; trois filles et la mère, quatre diables contre le père.

Une femme, un clocher, assez d'un dans chaque quartier.

Femme qui fait des gâteaux, fille qui rit trop, vigne près d'un chemin, rarement font bonne fin.

Dame ou demoiselle a toujours puce sous l'aisselle.

Mule châtouilleuse, femme bas-bleu, ne t'y fie pas.

La femme sait tout et ne sait rien.

Femme se plaint, femme gémit, femme est malade quand elle le veut.

Les femmes et les enfants sont comme les hommes les font.

Pleurs de femmes sont bientôt essuyés.

Ce n'est pas sans peine que femme ou ânesse on mène.

Fillo qu'agrado, mitat maridado.

Fillo maridado, fillo négado.

Paoucos fillos, paoucos vignos et paouc d'oustals en paouros vilos.

Quant on a fillos, on es toujoun pastre.

Entre fenno et pero, pren-lo quant réno.

Fillo que pren se ven.

Per prouméttre cal pas resta de fillo méttre.

Planto ta vigno de boun plan, marido ta fillo à boun sang.

Las bounos menajeyros foou passa las fillos las prumiéyros.

Pren la fillo de toun vezi, saouras soun si.

Qui se logo, sa libertat vén; qui se marido, la revén.

Home de paillo vol fenno d'or.

Un home ritche es pas jamay lait per uno fillo.

A prendre géndre et claoure fe, hurous qui y endebe.

On pot pas may trouva countro l'oouto un abric que dins un géndre un amic.

Amour de noros, amour de géndres, bugado sans céndres.

Qual espouso sas amours, espouso sas doulous.

Fenno entemenado es léou manjado.

Qual bastis o se marido véy léou sa bourso aflaquido.

Quant on se marido, y a blat et farino; quant on es maridat, ni farino ni blat.

Maridats n'oou qu'un joun de bel téms.

Fille qui plaît est à moitié mariée.

Fille mariée, fille noyée.

Peu de filles, peu de vignes et peu de maisons dans petites villes.

Quand on a des filles, on est toujours berger.

Il faut prendre la poire et la femme quand elles pleurent.

Fille qui reçoit se vend.

Promettez toujours pour marier votre fille.

Plante ta vigne de bon plant, marie ta fille à bon sang.

Les bonnes ménagères font passer les filles les premières.

Prend la fille de ton voisin, tu connaîtras son défaut.

Qui se loue, vend sa liberté; qui se marie, la revend.

Homme de paille veut femme d'or.

Un homme riche n'est jamais laid pour une fille.

Heureux qui réussit à prendre un gendre et à rentrer son foin.

On ne peut pas plus trouver contre le vent d'autan un abri que dans un gendre un ami.

Amitiés de belles-filles et de gendres, lessives sans cendres.

Qui épouse ses amours, épouse ses douleurs.

Femme entamée est bientôt mangée.

Qui bâtit ou se marie voit bientôt sa bourse tarie.

Quand on se marie, il y a farine et blé; quand on est marié, ni blé ni farine.

Mariés n'ont qu'un jour de beau temps.

Prumié an, naz à naz; segoun an, bras à bras;
tresiéme an, tiro-te d'aqui que fasti me fas.

Vigno et fenno pla façounados manquou pas dins
l'annado.

Beoutat de fenno et boun vi foou dereveilla màti.

Un home que bat sa fenno bat soun cor, uno fenno
que bat soun home bat un porc.

Maysou d'adultero, jamay nou prouspero.

Maysou malhurouso et missanto oun calo poul et
poulo canto.

Quant la misero dintro per la porto, l'amour f..t
lou camp per la fenéstro.

Quant on pert sa fenno et quinze soous es pla
doumaje de l'argen.

A un home ritche sa fenno y mouris, à un paoure
sa mulo!

La fillo à quinz' ans ris; à vingt ans, caousis; à vint-et-
cinq ans, s'accoumodo; à trent' ans, pren ço que trovo.

Trés toupis foou uno festo, et trés fennos uno tempesto.

Qui presto soun eguo et meno sa fenno à la festo,
al cap de l'an, devinas lou resto.

Fenno morto, proufit; home mort, trezor.

A trés bréces t'espéri.

Fillo que lambro, taoulo que trantolo, fenno que parlo
lati, foou pas bouno fi.

La fillo es coumo la roso, belo quant es claouso.

Fillo que vol ésse prezado, ni trop visto ni trop
visitado.

Première année, nez à nez; seconde année, bras à bras; troisième année, va-t-en, tu m'excèdes.

Vigne et femme bien façonnées ne manquent pas dans l'année.

Beauté de femme et bon vin font réveiller matin.

Un homme qui bat sa femme bat son cœur, une femme qui bat son mari bat un po. . . .

Maison d'adultère, jamais ne prospère.

Maison malheureuse ou méchante où coq se tait et poule chante.

Quand la misère entre par la porte, l'amour s'envole par la fenêtre.

Qui perd sa femme et quinze sols doit bien regretter l'argent.

Un homme riche perd sa femme, un homme pauvre perd sa mule!

La fille à quinze ans rit; à vingt ans, choisit; à vingt-cinq, s'accomode, et à trente, prend ce qu'elle trouve.

Trois pots font une fête, et trois femmes une tempête.

Qui prête sa jument et conduit sa femme en fête, au bout d'un an, devinez le reste.

Femme morte, profit; homme mort, trésor.

Je t'attends à trois berceaux.

Fille qui rôde, able qui tremble, femme qui parle latin, ne font pas bonne fin.

La fille est comme la rose, belle quand elle est fermée.

Fille qui veut être estimée ne doit être ni trop vue ni trop visitée.

Fillo sau crénto val pas un brout de mentho.

Entre sept et huéit, fennos et fillos al liéit; entre huéit et naou, lous homes y voou.

De fillo d'hoste jamay nou t'accoste.

A n'aquelo qu'on aymo, on irio y quérre lou niou de la sérp.

Entre fillo et escabélo, à cinquant' ans se degarguélo.

Fenno de gléyzo, diables d'oustal.

Dous béls jouns l'home a sus terro, lou joun que prén fenno et lou joun que l'entérro.

Fillo morto, géndre perdut.

L'home es de fioc, la fenno d'estoupo et lou diables es darré que buffo.

Fenno mudo es pas jamay batudo.

Se verio puléou estiou san soulel que veouso san coucel.

Cal pas que la mirgo se trufe d'al cat, ni la fillo de l'amour.

Fenno daourado, léou counsoulado.

Sardo aveouzado engrayssario.

Se y avio un demaridayre, aourio pas guérp.

FI.

Fille sans pudeur ne vaut pas un brin d'herbe.

Entre sept et huit heures, filles et femmes couchées;
à neuf heures, les hommes.

Ne te fais pas de fille d'hôte.

On irait chercher le nid du serpent pour celle que
l'on aime.

Fille et escabelle à cinquante ans se démantibulent.

Femme d'église, diable à la maison.

Deux beaux jours l'homme a sur la terre, celui où
il prend femme et celui où il l'enterre.

Fille morte, gendre perdu.

L'homme est de feu, la femme d'étoupe, et le diable
est derrière qui souffle.

Femme muette ne fut jamais battue.

On verrait plutôt été sans soleil que veuve sans conseil.

Il ne faut pas que la souris se moque du chat, ni
la fille de l'amour.

Veuve dorée est bientôt consolée.

Sardine veuve engraisserait.

S'il existait un démarieur, il n'aurait pas l'onglée.

FIN.

TABLE

—

Roman et Patois (Etude).   iii
Poésies des Troubadours.   xix

———

Vers.   20
Chansons.   33
Sirvente.   71
Tenson.   77
Complainte.   81
Ronde.   85
Retroensa.   87
Bref-Double.   90
Descort.   93
Pastorelle.   99
Aubade.   105
Ballade.   109
Proverbes patois.   112
Proverbes moraux, Sententieux philoso-
     phiques.   114
Proverbes sur l'Amour, le Mariage. . . .   140

FIN DE LA TABLE.

www.ingramcontent.com/pod-product-compliance
Lightning Source LLC
Chambersburg PA
CBHW072119090426
42739CB00012B/3013